오래하는 힘

오래 하는 힘

초판 1쇄 발행 2019년 9월 5일

지은이 고학준
펴낸곳 글라이더 **펴낸이** 박정화
편집 이정호 **디자인** 디자인뷰 **마케팅** 임호

등록 2012년 3월 28일 (제2012-000066호)
주소 경기도 고양시 덕양구 화중로 130번길 14(아성프라자 601호)
전화 070)4685-5799 **팩스** 0303)0949-5799 **전자우편** gliderbooks@hanmail.net
블로그 http://gliderbook.blog.me/
ISBN 979-11-7041-006-5 03320

이 도서의 국립중앙도서관 출판예정도서목록(CIP)은 서지정보유통지원시스템
홈페이지(http://seoji.nl.go.kr)와 국가자료공동목록시스템(http://www.nl.go.kr/
kolisnet)에서 이용하실 수 있습니다.(CIP제어번호: CIP2019031201)

글라이더는 독자 여러분의 참신한 아이디어와 원고를 설레는 마음으로 기다리고 있습니다.
gliderbooks@hanmail.net 으로 기획의도와 개요를 보내 주세요. 꿈은 이루어집니다.

오래하는 힘
a long-lasting force

—————— 고학준 지음 ——————

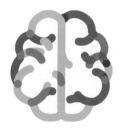

글라이더

머리말

"여보, 그래도 이번만큼은 1년 더 버텨 보는 게 어때요?"

사직서를 안주머니에 깊이 찔러 놓고 마지막 출근을 하던 나에게 아내가 걱정스럽게 말했다. 지금에야 그때 아내의 심정이 어땠을지 충분히 짐작 가지만, 당시에는 전혀 그렇지 못했다. 오로지 회사에서 벗어나야겠다는 생각뿐이었다.

40대 중반이었을 때 몸담았던 그곳은 나의 열 번째 회사였다. 결혼한 뒤로는 다섯 번째 사표였다. 아내는 네 번째 회사를 떠날 때만해도 내 의사를 적극 지지해 주었다. 그러나 이번에는 달랐다. 아내도 더 이상 불안한 마음을 감추지 않았다.

사직서를 낸 날만큼은 누가 뭐라 해도 당당했으며 적어도 두어달은 개운한 기분을 만끽하며 지냈다. 그런데 그날은 달라도 너무 달랐다. 마음 깊은 곳부터 불안함이 엄습했다. 예전 같으면 홀가분한 마음으로 한달음에 집으로 달려가 아내와 외식을 하거나, 좋아하는 책을 보기 위해 서점으로 달려갈 테지만 그날은 그렇지 못했다.

회사에서 나와 한참을 걷다가 카페에 들어가 멍하니 앉았다. 시

4   오래 하는 힘

간이 얼마나 흘렀을까? '이렇게 살아도 되는 건가?'라는 생각이 문득 머리를 스치고 지나갔다. 뭣 하나 제대로 이루어 놓은 것 없이 살아온 지난날이 후회스럽고 부끄러웠다. '성공이란 무엇일까?' '나는 왜 남들처럼 성공을 향해 달려가지 못할까?'

때마침 오랜 절친에게 연락이 와서 저녁 식사를 함께 했다.

"회사는 잘 다니냐?" 식당에 들어서자마자 친구가 대뜸 물었다.

"아니 그만뒀어." 예전 같으면 아무런 거리낌 없이 이렇게 대답했을 테지만 그날만큼은 아니었다. 더군다나 그 친구는 곰이라는 별명으로 불릴 만큼 엉덩이가 무거운 녀석이다. 규모는 크지 않지만 제법 견실한 회사에서 오래 근무하고 있었다. 크게 성공한 것은 아니지만 안정된 생활을 유지하고 있었다.

"어… 그렇지 뭐." 나는 대충 둘러댄 후 서둘러 안부를 물었다. "너는 어때?" "나야 늘 똑같지 뭐." 늘 듣던 말이었지만, 그날따라 녀석이 부럽게 느껴졌다.

배가 고팠던 나는 음식이 나오기 무섭게 입안에 마구 욱여넣기 시작했다. 그때 친구가 뱉은 말 한마디가 나에겐 충격이었고, 나의 인생을 다시 되돌아 보는 중대한 계기가 되었다.

"넌 여전히 빨리 먹는구나! 천천히 먹어라. 안 뺏어 먹으니까."

나는 밥을 입안에 잔뜩 넣은 채 친구를 한참 바라보았다. 집에 돌아올 때까지 내 머릿속에는 친구가 건넨 말 한마디가 맴돌았다.

"넌 여전히 밥을 빨리 먹는구나!"

그렇다. 나는 밥을 빨리 먹을 뿐 아니라 걸음걸이도 빠르고 말도 빠르다. 아주 급한 성격의 소유자가 바로 나란 인간이다. 친구의 말 한마디에서 내가 깨달은 점은 '성급한 성격 때문에 무엇이든 시작하면 오래 하지 못한다'는 것이었다. 친구들을 둘러봐도 그것은 맞는 말이었다. 나와 성격이 비슷한 친구들 대부분은 여러 직장을 전전하며 옮겨 다녔다. 하지만 진득하게 한 직장에서 오래 근무한 친구들은 성격이 느긋하고 행동도 느렸다. 대체로 느긋하게 한 직장에서 꾸준히 근무한 친구들이 성공했다. 한 직장에 오래 근무해야만 성공한 삶은 아니지만, 자신의 실력을 보여 줄 때까지는 일정한 시간이 필요하다.

성공한 이들은 대개 한 가지 일에 자신의 모든 것을 바친다. 이는 부정할 수 없는 사실이다. 좋은 조건으로 이직하는 것 역시 자기 분야에서 오랫동안 근무하며 갈고닦은 실력을 인정받은 것이지 갑작스러운 요행이 아니다. 중요한 것은 결과를 낼 때까지 오래 할 수 있느냐 없느냐이다. 지금까지 나는 한 직장에 오래 머물지 못하고, 성급하게 판단하고 뛰쳐나와 버렸다. 나의 진정한 가치를 다 보여주지 못함으로써 정당한 평가를 받지 못했다. 지금의 나는 급한 성격이 만든 결과물인 셈이다.

급한 성격을 고치려면 어떻게 해야 하는지 그 답을 찾기 위해 서점을 찾았다. 그러나 성격을 뜯어고치기 위해서 읽은 책들은 하나같이 뭔가 부족해 보였다. 그러다가 뇌 관련 책이 눈에 띄어 읽어 보았다. 그 순간 내 안의 뭔가가 서서히 꿈틀대기 시작했다. 나는 닥치는 대로 뇌 관련 책을 사서 집으로 돌아와 읽고 또 읽었다. '이거다!' 나는 답을 찾았다. 답은 '뇌'에 있었다. 나를 바꾸기 위해 필요한 것은 '어떻게 해야 하는가'가 아니라 '왜 그렇게 해야 하는가'였다. 뇌 관련 책을 읽으면서 나의 지식은 확장되어 갔다. 변화를 위해 무엇이 필요한지 제대로 이해할 수 있었다. 나는 얼마든지 변할 수 있고 성공할 수 있다는 확신을 갖게 되었다.

그 후 책에서 배운 지식을 나름대로 분석하고 활용하여 생활습관을 뜯어고치기 시작했다. 나는 내가 경험하고 느낀 바를 많은 사람과 함께 나누고 싶었다. 평범한 내가 변할 수 있다면 누구나 변할 수 있다고 생각했다.

회사를 무작정 오래 다니는 것은 중요하지 않다. 자신의 능력을 얼마나 발휘할 수 있느냐가 중요하다. 그러기 위해서는 자신의 실력을 검증할 시간이 필요하다. 실력을 증명해 보이지도 않고 자기 실력을 알아봐 주지 않는다고 원망하는 것은 잘못된 생각이다. 반대로 회사 대표가 성격이 급한 경우도 있다. 회사 기준을 통과한 사람을 뽑았으면 믿고 지켜봐야 한다. 그가 실력을 발휘할 시간도 주지 않고 성급하게 판단하는 것 역시 잘못된 생각이다. 그런 회사는 크게 성장할 수 없다. 내보낸 직원들 중 누군가는 경쟁 업체에 들어가 위협적 존재가 될 수 있다.

회사에 다닐 때 갓 입사한 어느 직원이 있었는데, 그는 행동도 굼뜨고 모든 게 부족해 보였다. 어떻게 발탁되었는지 의아할 만큼 업무 능력이 미숙했다. 동료들에게서도 언짢은 이야기를 많이 들어야 했다. 사표를 써도 열 번은 쓸 정도로 심한 말을 많이 들었지만, 그

신입사원은 얼굴 하나 붉히지 않고 잘 견뎌냈다. 처음에 미련해 보이던 그는 시간이 흐르자 향상된 업무 수행 능력을 보이기 시작했고, 현재는 과장으로 회사에 없어서는 안 될 중요한 인재가 되었다. 그 친구의 성공 비결은 재능을 발휘하도록 지켜봐 준 회사와 자신의 능력을 펼칠 때까지 참고 견디어 온 노력의 결과이다.

오래 하는 힘은 어디서 나오며, 급한 성격은 어디서 나올까? 몰입을 잘하는 사람과 그렇지 못한 사람의 차이는 어디서 비롯될까? 답은 우리 머릿속에 있다. 뇌를 잘 이해하고 활용할 줄 아는 사람이 성공할 수 있다는 말이다.

'KFC' 하면 떠오르는 이미지가 있다. 눈이 오나 비가 오나 매장 입구에서 환한 미소를 지으며 손님을 맞이하는 백발에 흰 콧수염을 기른 할아버지, 바로 KFC 창업자 할랜드 데이비드 샌더스다. 그는 새 아버지의 폭력에 못 이겨 13세에 집을 나와 철도원, 군인, 사업 등 많은 일을 경험했다. 하지만 하는 일마다 운이 따라 주지 않았다. 이혼과 실패를 겪으며 어느덧 40세가 된 샌더스는 고속도로 옆에 작은 식당을 차렸다. 이 식당은 금방 맛집으로 소문나 장사가 잘 되었지만, 주변에 새로운 고속도로가 생기면서 또다시 어려움을 겪기 시작했다. 결국 65세에 그는 식당 문을 닫았다 그러나 그 나이에도 포기하지 않고 다시 일어서기 위해 새로운 요리법을 개발했고, 그 요리법을 팔기 위해 영업을 나갔다. 결과는 어땠을까? 무려 천 번이나 거절당한 다음에야 가까스로 한 업체와 계약할 수 있었다. 생각해 보자. 65세의 나이에 당한 천 번의 거절이라니…. 누가 그 나이에 그런 도전을 할 수 있을까? 샌더스는 아흔이 될 때까지 쉬지 않고 활동하다가 생을 마감했다.

어떠한가? 당신도 나이와 상관없이 자신을 증명하기 위해 노력해 보았는가? 아니 한 번이라도 제대로 노력해 본 적이 있는가? 포기하지 않고 누가 뭐라 하던 앞만 보고 달려 본 적이 있는가? 나 역시 그렇게 해 왔다고 생각하지만, 전혀 그렇지 않았다.

이제 여러분 차례다. 직장에 의문을 품고 갈팡질팡하고 있는가? 아니면 자신의 능력을 제대로 평가해 주지 않아 섭섭한가? 그만두고 싶은 마음이 굴뚝같은가? 직원이 마음에 들지 않는가? 자신의 능력을 증명하려고 얼마의 시간을 투자했는지 또 부하 직원이 자신의 능력을 증명할 때까지 얼마나 기다려 주었는지 생각해 보기 바란다. 그러지 못했다면 이 책을 읽어 보기 바란다.

이제부터 습관이 어떻게 만들어지는지, 좋은 습관을 만드는 과정이 어떤 메커니즘으로 완성되는지 뇌를 통해 알아볼 것이다. 그리고 뇌에서 가장 핵심 역할을 하는 전두엽에 대해 이야기할 것이다. 우리가 가진 습관을 고치기 위해서는 뇌의 지휘소라 불리는 전두엽을 확실하게 알고 있어야 한다. 다음으로 전두엽을 활성화하는 방안을 소개할 것이다. 전두엽을 활성화하기 위한 생활습관은 여러 가지가 있지만, 그중에서도 새로운 것을 배우고 경험하는 일이 무엇보다 중요하다. 마지막으로 전두엽을 활성화한 상태에서 하루하루를 어떻게 보내야 오래 할 수 있고 성공의 지름길 위에 올라설 수 있는지 알아볼 것이다. 이 책에서 제시하는 방법을 일상에서 꾸준히 실천하기 바란다. 그렇게만 한다면 당신은 어렵지 않게 잘못된 습관을 고치고 오래 하는 힘을 길러 성공할 수 있다.

조급한 성격 외에도 충동적 성향, 부정적 사고, 집중력 부재, 걱정과 불안 등은 성공을 위해 필요한 오래 하는 힘을 기르는 데 걸림돌이 된다. 이 걸림돌도 뇌를 활용하면 얼마든지 고칠 수 있다. 사람의 신체 활동과 정신 활동이 뇌에서 비롯되기 때문에 기본이 되는 뇌에서 답을 찾는 것은 당연하다. 인간이 저지르는 많은 오류도 뇌를 통해 바로잡을 수 있다. 시중에 나와 있는 자기계발서는 좋은 재료를 담고 있다. 하지만 그 재료로 진한 맛을 내려면 먼저 뇌를 들여다봐야 한다는 사실을 잊어서는 안 된다. 이제 마음의 준비가 되었는가? 준비가 되었다면 뇌가 어떻게 작동하는지부터 알아보자.

좋은 책은 여러 번 읽히는 책이다. 여러 번 읽어도 질리지 않은 책, 곁에 두고 읽으며 깊이 생각하게 만드는 책을 쓰고 싶었다. 부디 이 책을 곁에 두고 읽기를 소망한다. 읽고 또 읽어 여러분의 무의식에 자리 잡도록 하면 큰 도움이 되리라 믿어 의심치 않는다.

2019년 8월

고학준

차례

2장_ 전두엽에서는 무슨 일이 일어나는가?

3장_ 삶을 지배하는 생각

1장

뇌는
어떻게
작동하는가?

뇌의 작동 원리를 이해하고, 지식이나 외부 자극이 경험이라는
이름으로 뇌에 어떻게 오랫동안 저장되는지 알아보자.

1
뇌가 기계처럼 작동한다고?
- 뇌에 관한 인식 변화

옛날 사람들은 뇌가 기계처럼 작동한다고 생각했다. 뇌가 구역별로 나뉘어 있어 개별 작업을 수행하며, 컴퓨터처럼 모든 배선이 고정되었다고 생각했다. 예를 들어 눈은 시각피질, 귀는 청각피질, 피부는 촉각피질로 각각 고정되었다는 것이다. 곧 여러 부품으로 이루어진 하나의 기계로 보았다. 따라서 기계처럼 부품 하나가 고장 나면 새 부품으로 바꾸는 것 외에 다른 방법이 없다고 여겼다. 그러나 뇌는 기계나 컴퓨터처럼 부품을 갈아 끼울 수 없다. 어떤 결함이 유전으로 받아들여지는 순간 그 결함은 수정되거나 개선될 여지가 없는 것이다.

뇌가 고정되었다는 생각은 위대한 사상가와 학자들에게서 나왔다. 따라서 이들과 반대편에 서서 논쟁하기란 쉽지 않은 일이었다. 지구가 평평하다는 인식을 바꾸기 위해 인류는 오랜 시간 기다려

야 했다. 뉴턴의 물리 개념에 변화가 일어난 때는 아인슈타인이라
는 천재 물리학자가 등장한 뒤다. 그리고 양자역학은 아인슈타인의
반대편에 서기를 주저하지 않은 물리학자들에 의해 밝혀졌다. 하지
만 그들 역시 자신의 이론이 받아들여지기까지 아인슈타인을 비롯
한 구세대 물리학자들의 거센 반발에 부딪혀야 했다.

뇌는 고정된 물리적 존재다

뇌가 변할 수 없는 고정된 물리적 존재라는 사실은 르네 데카르
트라는 사상가에게서 비롯되었다. 데카르트는 뇌가 물질세계에 있
으므로 마음 또는 영혼이라 불리는 비물질 세계와 구분하여 다뤄야
한다고 보았다. 뇌와 마음이 다르다는 이분법을 주장한 것이다.[1][2]
따라서 물질세계에 존재하는 뇌는 물리 법칙을 따라야 했다. 그 후
등장한 뉴턴은 물리학의 위대한 발견자였다. 뉴턴은 누구도 흉내
낼 수 없는 관찰력과 비범한 지능을 활용해서 우주 만물을 움직이
는 절대 법칙을 알아냈고 그것을 후세에 전해 주었다.

절대 물리 법칙이 지배하던 시대에 뇌의 변화무쌍함을 주장하
기란 쉽지 않았다. 모든 물질은 뉴턴의 운동 법칙을 따라야 하므로
뇌 역시 잘 짜인 규칙에 따라 움직인다고 생각했다. 하지만 뇌 분
야의 발전을 더디게 만든 이유가 단지 선구자들의 권위였다고 착
각해서는 안 된다.

당시 인류에게는 미시 세계인 뇌를 깊이 관찰할 도구가 없었다.
죽은 사람에게서 뇌를 꺼내 해부할 수 있을지언정 살아 숨 쉬는 사

람의 뇌를 들여다볼 방법이 없었다. 그러므로 당시 사람들은 학식이 높거나 권위 있는 사람의 주장을 의심 없이 받아들일 수밖에 없었다.

1861년 외과 의사였던 브로카는 뇌졸중에 걸린 사람들이 실어증을 보이는 이유가 좌측 전두엽이 손상되었기 때문이라는 사실을 알아냈다. 뇌를 해부하여 얻은 결과였다. 이는 '브로카 영역'이라고 명명되었다.[3] 브로카의 연구 덕분에 뇌가 점대점(點對點)으로 작용한다는 사실이 널리 알려지게 되었다. 그 후 뇌가 고정되었다는 인식이 오랫동안 뇌 연구의 기반이 되었다. 그러나 이후 좌측 전두엽이 손상된 일부 아이들은 제대로 말을 한다는 사실이 밝혀졌다. 그런데도 이러한 연구 결과는 당시 의학계에 뿌리 깊게 박힌 고정관념을 깨기에는 부족했다.

고양이 실험에서 뇌의 가소성을 찾아내다

고정관념에 도전한 선구자는 폴바크 이 리타라 불리는 사람이었다. 폴바크 이 리타는 뇌의 가소성을 알아차린 초기 뇌 과학자로, 뇌 가소성으로 여러 질환을 치료할 수 있다는 점을 최초로 인지한 사람이었다. 그는 동료들과 함께 시각의 작동 원리를 연구하던 중 뜻밖의 사실을 발견했다.

폴바크 이 리타의 연구는 고양이의 뇌 속 시각 처리 영역에 전극을 꽂아 전기 방전을 측정하는 실험으로, 어떤 이미지를 고양이에게 보여 주었을 때 고양이의 시각 처리 영역이 어떻게 반응하는지 알아보는 것이었다. 실험 결과 고양이의 시각 처리 영역에서 전기 반응이 일어났다. 눈이 뇌 속 시각피질과 점대점으로 작용한다는 증거였다. 기존의 뇌 과학자들이 원하는 결과가 도출된 것이다.

하지만 실험 도중 실수로 고양이의 앞발을 건드리자 시각 처리 영역에서 전기 반응이 일어났다. 기존 이론에 따르면 발은 촉각을 담당하는 영역이므로 시각피질이 반응할 이유가 없었다. 이 놀라운 실험 결과는 뇌가 점대점으로 고정되지 않았다는 사실을 말해 주었다.[5] 의도치 않은 사건으로 인해 학자들은 뇌가 고정되었다는 생각에 의문을 품기 시작했다.

뇌는 어느 부위든 똑같이 전기 신호를 주고받으며 외부 사건을 받아들인다. 시각이든 촉각이든 청각이든 이 신호는 아주 균일하게 적용된다. 따라서 영역이 나뉘어 있다는 생각은 우리만의 생각이지 뇌는 애초부터 그렇게 작동하지 않는다. 시각과 촉각과 청각으로 분류하는 것 자체가 난센스라는 이야기다. 그것이 시각이든 청각이든 중요하지 않다. 청각이라고 해도 시각을 처리할 수 있고, 그 반대 역시 얼마든지 가능하다. 감각은 뇌에 정보를 중계해 주는 장치일 뿐이다. 뇌는 비슷한 전기 신호로 의사소통을 하므로 각 영역은 전문화되어 있지 않으며 어떤 감각이든 처리할 수 있다. 과학자들은 이러한 뇌의 성질을 '뇌 가소성'이라고 불렀다.

데카르트와 뉴턴은 정신과 물질, 우주의 법칙을 꿰뚫어 본 위대한 인물이다. 그들이 없었다면 지금 우리가 이룩한 성과는 먼 훗날 이뤄졌을지도 모른다. 당시 과학은 걸음마 단계에 불과했기에 크고 작은 오류를 피할 수 없었다. 시간이 흐르고 과학이 발전하면서 변화의 바람이 불기 시작했다. 비록 그 출발이 순탄치 않았지만, 선각자들 덕분에 뇌가 고정되었다는 생각에서 벗어날 수 있었다.

오래 하는 힘

2
나무야, 나무야, 뉴런 나무야!
- 뇌를 구성하는 기본 구조

뇌의 주요 구성 물질은 물, 교세포, 뉴런이다. 그중 어느 것 하나라도 없어서는 안 되지만, 뇌가 작동하는 원리를 알려면 먼저 뉴런을 이해해야 한다.[6] 뉴런은 흔히 나무에 비유되는데, 그 생김새가 나무와 비슷하기 때문이다. 그렇다고 잎이 무성한 나무를 상상해서는 곤란하다. 뉴런은 잎이 모두 떨어져 앙상해진 나무와 비슷하다. 이 비유는 어디까지나 이해를 돕기 위해서지 모든 뉴런이 앙상한 나무처럼 생겼다는 뜻은 아니다. 우리가 뇌에 대해 공부하는 이유는 오래 하는 힘을 기르기 위해서지 뇌 과학자가 되려는 것은 아니므로 여기서는 개요만 검토해도 충분하다.

뉴런의 구조
나무 기둥에 해당하는 뉴런의 줄기를 따라 올라가다 보면 가지가 시작되는 부분과 만난다. 이곳에 세포체가 있고 그 안에 동그랗게 생긴 핵이 있다. 물론 뉴런이 모두 같은 형태를 띠는 건 아니다. 핵 속에 우리가 익히 아는 DNA, 곧 유전자 정보가 담겨 있다.

세포체를 중심으로 가지들이 뻗어 나간다. 가지들은 다른 뉴런과 정보를 주고받는 기능을 하는데, 이를 '수상돌기'라고 부른다. 정확히 말하면 수상돌기 끝에 있는 조그만 가시들이 수신 안테나 역할을 한다.

이제 나무의 뿌리 쪽으로 내려가 보자. 뿌리에 해당하는 구조는 '축삭돌기'라고 부른다. 이 돌기는 정보를 다른 뉴런에 전달한다.[7][8] 이 정도만 알아도 충분하다. 뉴런이 어떻게 생겼고 각 부위가 어떤 역할을 하는지 알게 된 것이다. 여기에 한 가지만 더 추가하면 뉴런을 완벽하게 이해했다고 할 수 있다. 바로 '시냅스'라 불리는 영역이다.

시냅스의 구조

시냅스란 뉴런과 뉴런 사이의 작은 틈을 말한다. A 뉴런의 정보가 B 뉴런으로 전달되려면 시냅스라 불리는 작은 틈을 통과해야 한다. 뉴런 간 의사소통은 시냅스를 통해 이루어지기 때문에 '시냅스 연결'이라고 부른다.[9][10] 즉 시냅스는 A 뉴런의 축삭돌기가 끝나는 지점부터 B 뉴런의 수상돌기가 시작되는 지점까지 이어져 있다. A 뉴런의 축삭돌기 끝에서 시작되는 시냅스를 '시냅스 전 말단'이라 부르고, 수상돌기가 시작되는 지점에서 끝나는 시냅스를 '시냅스

후 말단'이라 부른다. 시냅스 전 말단에는 신경전달물질(화학물질)
을 저장해 둔 장소가 있다. 이를 '신경전달물질 저장소'라 부르는데,
신경전달물질 주머니라고 생각하면 이해하기 쉽다. 아주 중요한 영
역이므로 꼭 기억하기 바란다.

요컨대 축삭돌기, 수상돌기, 세포체, 핵, 시냅스는 뉴런이 메시지
를 주고받는 과정에 관여하는 부분이다. 다음으로 정보가 어떤 과
정을 거쳐 전달되는지 알아보자.

정보의 전달 과정

새로운 것을 배울 때, 새로운 경험이 자극을 줄 때 뉴런은 발화
한다. 잠시 눈을 감고 뉴런의 이미지를 떠올려 보자. 먹구름 속에서
번쩍거리는 번개를 상상하면 그것이 뉴런이다. 그 번쩍거림이 몇
천 배 더 많이 일어난다는 것만 빼면 모든 게 비슷하다. 뉴런은 '활
동 전위'라고 하는 전기 작용으로, 외부에서 들어온 정보를 A 뉴런
에서 B 뉴런으로 전달한다.[11]

뭔가 새로운 것을 배우면 A 뉴런은 즉시 전기 충동을 일으켜 그
정보를 축삭 말단으로 내려보낸다. 여기서 전기 충동이 일어나는
원리까지 알 필요는 없다. 전기 충동이 일어난다는 사실만 알아도
충분하다. 아무튼 전기 충동이 축삭 말단에 이르면 곧이어 시냅스
와 만난다. 전기 충동은 시냅스 전 말단에 존재하는 신경전달물질
저장소를 자극한다. 자극을 받은 신경전달물질 저장소에서 여러 화
학물질(아드레날린, 도파민, 가바, 엔도르핀, 아세틸콜린 등)이 밖으로

나와 시냅스를 통과해 B 뉴런으로 전해진다(B 뉴런 발화).[12)13)] 이 화학물질이 감정을 만들어낸다. 어떤 신경전달물질이 분비되느냐에 따라 기분이 결정되는 것이다.

B 뉴런 역시 전기 충동을 일으키면서 다시 축삭돌기를 향해 내려간다. 다시 말해 전기 활동이 화학 활동을 일으키고 다시 전기 활동을 일으키는 과정이 반복된다. 그러면서 뉴런과 뉴런이 연결되고 소통한다. 이러한 뉴런의 집합을 '신경망' 또는 '신경회로'라고 부른다.

뇌에는 수많은 뉴런이 모여 있다. 뉴런 집합은 서로 뭉치면서 하나의 조합을 만든다. 이러한 조합은 무수히 생겨나기도 하고 사라지기도 한다. 신경망 또는 신경회로는 외부의 자극을 받아 만들어진 하나의 패턴이다. 결국 외부 정보는 전기화학 반응으로 뇌에 저장되고, 이렇게 조직된 신경망은 반복 과정을 거치며 강화된다.

여기까지 이해해도 데카르트보다 뇌에 대해 더 많이 알게 된 셈이다. 이러한 진보가 데카르트 시대에 일어났다면 육체와 정신에 대한 데카르트의 인식은 바뀌었을 것이다.

3
무엇이 뉴런으로 신호를 전달할까?
-신경전달물질

신경전달물질은 무엇이고, 어떤 작용을 하며, 어떤 종류가 있는지 알아보자. 외부 정보가 뉴런을 통해 전달되는 메커니즘은 앞에서 설명했다. 그렇다면 무엇이 A 뉴런에서 B 뉴런으로 신호를 전달하는 것일까? 그것은 바로 신경전달물질이다.

시냅스 전 말단에서 분비된 신경전달물질은 시냅스를 통과해 다음 뉴런의 수상돌기에 위치한 각각의 수용체와 결합하여 신호 전달을 완수한다. 여기서 어떤 신경전달물질이 분비되느냐에 따라 감정과 느낌이 최종 산물로 결정된다. 따라서 어떤 생각을 하느냐는 어떤 신경전달물질이 분비되느냐와 연결되며 이는 아주 중요한 메커니즘이다.

약한 자극은 뉴런을 발화시키기 어렵다. 다시 말해 전기 충동을 일으키는 데는 하나의 신경전달물질만으로는 부족하다. 여러 뉴런이 신경전달물질을 동시 다발로 분비해야 한다. 하나의 뉴런을 발화시키려면 그 뉴런과 연결된 다른 뉴런이 동시에(함께) 전기 충동(발화)을 일으킬 만한 신경전달물질을 분비해야 한다. 이를 '수렴 작용'이라고 부른다. 여러 뉴런에서 출발한 신경전달물질이 한 뉴런으로 모여드는 것이다.[14][15] 뉴런 사이의 거리가 짧으면 짧을수록 함께 발화하기가 더 쉬워진다.

이렇게 시냅스 후 세포가 화학 분비물로 발화하면, 시냅스 후 세포는 역할을 바꾸어 전기 신호에 따라 다시 축삭 말단으로 흘러간다. 다시 신경전달물질 저장소에 도달하고 또 다른 뉴런을 향해 신경전달물질을 분비한다. 이 과정을 되풀이하면서 경험한 것이 신경회로에 새겨진다. 경험은 전기 작용이 화학 작용으로, 다시 전기 작용으로 바뀌는 과정을 거쳐 부호화한다.

신경전달물질 중에서도 아주 중요한 역할을 하는 두 부류를 알아보자. 바로 흥분성 신경전달물질과 억제성 신경전달물질이다. 흥분성 신경전달물질은 우리가 아는 신경전달물질이다. 곧 A 뉴런에서 B 뉴런으로 전기 충동을 일으키는 것이다. 반면 억제성 신경전달물질은 흥분성 신경전달물질을 조절한다. 이 조절 기능이 중요한데, 만약 억제성 신경전달물질이 활동하지 않으면 흥분성 신경전달물질이 과도하게 분비되어 뉴런이 손상될 수 있고 뇌가 심각한 타격을 입을 수 있다. 쉽게 말해 억제성 신경전달물질은 시냅스 후 세포가 전기 충동을 일으킬 확률을 떨어뜨려서 뉴런을 건강한 상태로 유지하게 한다.[16][17]

뉴런의 연결을 위해 약한 자극보다 강한 자극이 필요한 까닭은, 흥분성 신경전달물질이 억제성 신경전달물질을 이겨내야 하기 때문이다. 앞에서 말한, 서로 다른 뉴런들이 동시 다발로 발화해야 하는 이유 역시 여기에 있다.

뇌는 쓸모없는 정보, 즉 사용하지 않거나 강한 자극을 끌어내지 못하는 경험의 회로를 끊어서 항상 양질의 상태로 만들어 놓는다. 억제성 신경전달물질의 중요성이 바로 여기에 있다. 뉴런은 두 부류의 신경전달물질에 의해 끊임없이 연결과 차단을 반복한다.

뇌 과학자들에 의하면 현재 약 100여 개의 신경전달물질이 존재한다고 한다. 이들 하나하나는 사람이 살아가면서 느끼는 감정을 만들어 오래 하는 힘을 기르는 데 매우 중요한 역할을 한다.

무엇보다 신경전달물질은 전두엽과 밀접한 관계를 맺고 있다. 예를 들어 집중하는 능력, 충동 성향 관리, 의욕과 동기유발 같은 전두엽의 기능은 신경전달물질로 이루어진다. 어떤 신경전달물질이 분비되느냐가 대단히 중요하다. 우리가 원하는 오래 하는 힘을 기르려면 신경전달물질을 꼭 알아야 한다.

성취감과 동기를 유발하는 물질 – 도파민

도파민은 뭔가를 기대할 때 분비된다. 또한 그 기대가 충족될 때도 분비된다. 듀크 대학의 니콜렐리스와 존 채핀은 행동주의에 관련한 실험을 진행했다. 그들은 생쥐의 뇌에 전극을 연결하고, 그 전극을 컴퓨터와 연결했다. 생쥐 앞에는 발판이 달린 음수 장치를 설

치했다. 발판에는 스위치가 달려 있어 생쥐가 발판을 누르면 물이 나오게 설계되었다. 생쥐는 발판을 누르면 시원한 물을 마실 수 있다는 사실을 알게 되었다.[18] 즉 발판을 밟으면 시원한 물을 마실 수 있다는 기대가 생쥐로 하여금 발판을 누르게 했다.

그런데 생쥐의 뇌 속 도파민 수용체에 도파민 효과를 억제하는 약물을 투여하면 어떻게 될까? 생쥐는 더 이상 발판을 밟지 않는다. 기대 효과가 사라져 버렸기 때문이다. 뭔가 하려는 의욕이나 의지를 상실한 것이다. 뭔가를 계획하고 목표를 세울 때, 또 목표를 완수할 때 도파민이 분비된다.[19] 성취감은 도파민이라는 화학물질이 만들어낸 것이다.

도파민은 동기유발과도 관련이 있다. 뭔가를 성취했을 때 보상이 없다면 도파민은 분비되지 않는다. 칭찬이나 선물 또는 그것에 상응하는 것을 받을 때 도파민이 분비되고, 그 보상은 같은 일을 반복하여 지속하도록 만드는 원동력이 된다.

하지만 도파민은 마약 같은 쾌락을 유발하는 물질로 인해 심각한 문제를 일으키기도 한다. 일부러 도파민을 분비시키는 약물을 반복하여 복용하면 뇌는 통제력을 상실한 채 쾌락만 추구하려고 한다. 결국 뇌 속 뉴런이 손상되어 정상 생활을 할 수 없게 만든다.

요즘 사회 문제인 조현병도 도파민과 관련이 있다.[20] 억제성 신경전달물질이 흥분성 신경전달물질을 적절히 통제하지 못할 때 뇌는 문제를 일으킨다고 할 수 있다. 따라서 도파민을 촉진뿐 아니라 적절하게 조절할 수 있어야 한다. 그렇게 할 수 있다면 오래 하는 힘

오래 하는 힘

을 기르기 위한 가장 중요한 물질을 손에 넣은 것과 같다. 동기유발과 적절한 보상은 오래 하기 위해 꼭 필요한 요인이다. 도파민을 우리 편으로 만드는 것은 오래 하는 습관을 만드는 데 매우 중요하다.

도파민은 의욕과 깊이 관련된 화학물질이다. 동기를 유발하거나 일을 완수할 때 느끼는 성취감은 도파민 때문이다. 도파민의 작용을 적절히 활용하면 무슨 일이든 오래 할 수 있다. 전두엽을 활용해 목표를 설정하고, 목표를 달성하기 위해 세부 계획을 세워 보자.

행복을 느끼게 하는 물질 – 엔도르핀

엔도르핀은 진통제 또는 마약이라고 부르는 모르핀보다 월등한 진통 작용을 한다고 알려져 있다. 엔도르핀은 시냅스 전 말단의 신경전달물질 저장소에 있다가 전기 충동에 의해 분비되어 시냅스 후세포의 수용체와 결합한 후 통증 감각과 기분에 관여한다. 전쟁 중에 병사가 부상을 입었는데도 고통을 참으며 계속 싸울 수 있는 이유는 엔도르핀 때문이다. 운동선수들이 극한 상황과 맞닥뜨릴 때 그 상황을 극복할 수 있도록 해 주는 것 역시 엔도르핀이다.

눈에 넣어도 아프지 않은 자식이 지나가는 자전거에 부딪치기 일보 직전, 부모는 아이를 대신해 자전거를 향해 뛰어든다. 부모는 아이를 구해낸 후, 아이가 무사한 것에 안도하며 집으로 돌아온다. 집에 도착한 부모는 바로 앓아눕는다. 자전거와 부딪친 부위에서 뒤늦게 통증을 느끼기 때문이다. 왜 이 통증을 자전거와 부딪칠 때 느끼지 못했을까? 그때 엔도르핀이 분비되었기 때문이다. 엔도르핀은 통증을 느끼지 못하게 하여 순간의 위기를 극복하도록 도와준다.

통증은 매우 중요한 반응이다. 통증 덕분에 우리는 어디가 잘못되었는지 인지하고 그것을 치료한다. 통증을 느끼지 못하면 상처 부위는 계속 커져 목숨까지 위태롭게 할 수 있다. 하지만 호랑이에게 쫓기는 사슴은 통증을 잠시 차단해야 살아남을 수 있다. 부러진 다리를 생각할 겨를 따위는 없다.

마라톤 선수가 느끼는 대표 감정인 '러너스 하이(Runner's high)'[21)22)]도 엔도르핀과 관련이 있다. 마라톤 선수는 시시각각 극한의 고통과 싸운다. 그러던 어느 순간, 고통이 사라지고 기분 좋은 환각 상태에 빠진다. 기분이 상당히 고양된다고 한다. 바로 엔도르핀이 작용한 결과다.

엔도르핀은 고통을 줄이고 행복감을 높인다. 하지만 스트레스 상황에서만 분비되는 것은 아니다. 피곤한 몸을 이끌고 집으로 돌아왔을 때 가족이 반겨 주면 엔도르핀이 분비된다. 엔도르핀은 긴장을 푼 상태, 곧 평온한 상태에서도 분비된다.

엔도르핀은 알파파와도 관련이 깊다. 편안한 상태에서 뇌는 알파파 상태가 되는데, 이때도 엔도르핀이 분비된다. 알파파 상태에서는 집중력과 기억력, 창조적 활동 지수가 높아진다.

오래 하는 힘

알파파 상태일 때 집중력이 높아지며 전두엽의 활동성이 증가한다. 평상시 알파파 상태를 유지하게 하는 가장 좋은 활동은 명상이다. 명상할 때 뇌는 알파파 상태에 놓이게 된다. 명상은 전두엽을 건강하게 만드는 데 유용한 활동이다.

집중력과 기억력을 높여 주는 물질
– 아드레날린과 노르아드레날린

아드레날린과 노르아드레날린 역시 집중력과 주의력에 관여하기 때문에 주의 깊게 살펴볼 필요가 있다. 먼저 아드레날린에 대해 알아보자. 아드레날린은 운동신경계에 작용하는 화학물질이다. 위기 상황에 직면하면 우리 몸은 동공을 확대시키고 혈압을 상승시키며 심장 박동 수를 증가시키기 위해 모든 에너지를 총동원한다. 생존하려는 반응이다. 휴식을 취할 때 사용하는 에너지, 예를 들어 음식을 소화하는 데 필요한 에너지는 당장 급하지 않기에 뒤로 미뤄진다. 긴장할 때 종종 배가 아픈 이유가 바로 여기에 있다. 생존 반응 상태일 때 분비되는 화학물질이 아드레날린이다. 아드레날린은 엔도르핀처럼 통증을 억제하는 기능도 한다. 긴박한 상황에 부닥치면 아드레날린과 엔도르핀 모두 분비된다.

다음으로 노르아드레날린에 대해 알아보자. 뇌와 중추신경계에 작용하는 노르아드레날린은 주의력과 집중력을 높여 주는 화학물질이다. 언제 어느 때 맹수의 공격을 받을지 모르는 상황에서 노르아드레날린은 주의 집중력을 향상시킨다. 맛있는 요리를 만들기 위해 조리법을 순서대로 기억해 둘 때 뇌는 단기 기억을 사용하는데, 이때 분비되는 물질 역시 노르아드레날린이다.

사람들은 때때로 중요한 일을 앞두고 자신을 혹독하게 몰아세워 긴장 상태를 만든다. 아드레날린을 분비시켜 집중도를 높이기 위해서다. 적정한 아드레날린 분비는 기억력 향상에 도움이 된다.

하지만 아드레날린이 과도하게 분비되면 오히려 기억력에 지장을 줄 수도 있다. 과도한 스트레스는 몸에 해로운 법이다. 아드레날린은 스트레스 상황에서 분비된다. 스트레스가 지나치게 높을 경우 뇌와 몸에 큰 문제가 일어난다. 하지만 적당한 긴장은 뭔가를 오래하는 데 필요한 집중력을 높여 준다. 화학물질은 무엇이 되었든 적절하게 유지되어야 한다.

쉼과 재충전에 필요한 물질 – 멜라토닌

수면은 건강한 뇌를 만드는 데 매우 중요하다. 잠자는 동안 뇌는 새로운 경험을 하지 않으므로 낮에 경험한 것을 분류하는 데 에너지를 사용한다. 저장할 것은 저장하고, 버릴 것은 버려서 뇌세포를 건강하게 유지한다. 이러한 수면 중 활동은 어디까지나 충분히 수면할 때 이루어진다.

잠을 제대로 자지 않으면 어떤 일이 벌어질까? 숙면하지 못하면 전두엽은 제 기능을 수행하지 못한다. 나중에 자세히 설명하겠지만, 집중력과 기억력, 학습 능력과 추론 능력 등 전두엽의 모든 기능이 현저하게 떨어진다.

전두엽의 기능이 떨어지면 새로운 것을 배우기가 어려워진다. 과거 경험을 통해 연결해 둔 뉴런 신경망을 활용해 새로운 것을 배워야 하는데 그 기능이 원활하게 이루어지지 않는다. 수면 부족이 지속되면 전두엽의 기능 저하에 따라 주의력 결핍이나 우울증에 걸릴 확률이 높아진다. 따라서 충분한 수면은 전두엽 건강에 매우 중요하다.

멜라토닌은 숙면을 돕는 고마운 화학물질이다. 멜라토닌은 맥박과 혈압과 체온을 조절하여 잠을 잘 자도록 유도한다.

멜라토닌은 밝기에 따라 분비되는 양이 조절된다. 눈부신 햇살이 비치는 아침에 적게 분비되고, 어둠이 내리면 많이 분비된다. 따라서 숙면을 하려면 주위를 최대한 어둡게 하는 것이 좋다. 수면은 전두엽을 건강하게 하는 데 아주 중요한 요소이므로 반드시 신경 써야 한다.

영감과 아이디어를 떠오르게 하는 물질 – 아세틸콜린

아세틸콜린은 기억과 집중력에 큰 영향을 미치는 화학물질이다. 나이가 들어 기억력이 감퇴하는 이유는 아세틸콜린의 분비가 원활하지 않기 때문이다. 나이가 들수록 새로운 것을 경험하기보다 이미 경험한 것만 이용하며 살아가는데, 이런 삶은 결코 바람직하지 않다. 따라서 아세틸콜린이라는 화학물질이 분비되도록 새로운 경험에 도전하고 새로운 정보를 받아들여야 한다. 아세틸콜린은 창조적 삶으로 나아가도록 도와준다.

아세틸콜린은 멜라토닌처럼 수면과 관련 있는 화학물질이다. 뇌는 수면 중에 그날 경험한 것을 정리한다. 수면 단계 중 80%에 해당하는 구간이 렘수면 구간인데,[23] 아세틸콜린이 렘수면 단계에서 분비된다. 따라서 중요한 경험을 장기 기억으로 저장하는 데 아세틸콜린의 기능이 매우 중요하다.

아세틸콜린은 논리적으로 뭔가를 분석하기보다 몸을 이완시켜 잠시나마 무의식에 머물게 한다. 아세틸콜린이 분비될 때 세로토닌과 도파민의 분비가 저하되기 때문이다.

뛰어난 영감이나 위대한 발견, 번뜩이는 아이디어는 아세틸콜린이 작용하는 이완 상태에서 나온다. 이완 상태를 만들려면 명상이 좋다. 명상으로 뛰어난 통찰력을 발휘하거나 새로운 변화를 끌어낼 수 있다.

오래 하는 힘

4

새로운 연결을 찾아서

─ 유전자와 헵의 이론

유전적으로 나를 특징짓는 요소

A 뉴런의 시냅스 전 말단에서 분비된 화학물질(메시지)은 B 뉴런의 수용체와 결합한다. 그 후 세포막을 통과한 화학물질은 DNA와 만난다. 여기서 DNA는 새로운 단백질을 만들거나 합성한다. 이 과정에서 정보화한 메시지는 세포핵으로 들어가 정보와 일치하는 특정 염색체를 골라낸다. 찾아낸 염색체의 껍질을 벗기는 순간 유전 정보가 공개된다. 정보 공개와 동시에 RNA(핵산)가 생성된다. 새로운 유전자가 발현된 것이다.

핵산은 핵에서 나와 다른 단백질과 결합한다.[24] 이 새로운 단백질은 자신의 생각이나 행동, 경험과 감정에서 출발한 것이다. 따라서 사람은 경험하면서 얼마든지 새로운 유전자를 발현시킬 수 있다. 새롭게 태어나고자 할 때 알아야 할 매우 중요한 메커니즘이다.

당신이 부모에게 물려받은 유전자만 사용하면, 즉 아무런 변화 없이 그저 고정된 생활패턴만 반복하며 살아가면 당신은 물려받은 유전자의 노예에 지나지 않는다. 새로운 것을 경험하고 그 경험을 바탕으로 변화하고자 노력하면 당신의 미래는 얼마든지 바뀔 수 있다.

사용하지 않고 방치한 뉴런은 가지치기 당한다

태어날 때 가지고 있던 뉴런은 갈수록 줄어든다. 함께 발화하는 뉴런은 단단하게 연결되어 하나의 신경망을 만드는 반면, 함께 하지 못하는 뉴런은 사라지고 만다. 여기서 유명한 헵의 이론을 만나게 된다. 도널드 헵은 신경 심리학자로 사람들이 새로운 것을 학습할 때 뇌에서 어떤 변화가 일어나는지를 연구했다. 그의 이론은 두 뉴런이 반복 학습으로 함께 발화하면 서로 강하게 연결되는 경향을 보인다는 것이다.[25] 반대로 말하면 그렇지 못한 뉴런간의 연결은 끊어진다는 의미다. 따라서 함께 발화하지 못하거나 오랫동안 사용되지 않아 쓸모없어진 뉴런은 가지치기를 당한다.

여기서 눈여겨봐야 할 것은 헵의 이론이 '신경 가소성'을 이야기한다는 점이다. 사람은 외부 자극을 받아 얼마든지 뉴런을 재배치할 수 있다. 시각장애인 집게손가락의 감각피질 뉴런은 일반인보다 훨씬 더 크고 넓게 분포되어 있다. 점자를 읽기 위해 손끝에 자극을 반복하기 때문이다. 반복된 자극은 '경계 뉴런'을 끌어들인다. 경계 뉴런이 약하게 연결된 기존 연결을 끊고 강한 자극인 손의 감각피질과 함께 발화한다. 함께 발화하면 강하게 연결되고 '쓰지 않으면 잃는다.'는 헵의 이론이 적용되는 것이다. 그렇다면 경계 뉴런이란 무엇일까?

외부에서 새로운 자극 정보가 입력되면 뉴런은 서로 연결된다. 하지만 같은 정보가 계속 입력되면 뉴런은 서서히 가지치기를 시작한다. 처음에는 외부 자극을 받아들이기 위해 뇌의 각 영역이 함께 발화하지만 하나의 도로(신경망)가 만들어지면 그 연결에 덜 관여하는 영역이 생겨난다. 중심에서 멀리 떨어진 뉴런은 느슨한 상태로 남아 있게 된다. 따라서 새로운 것을 배우는 데 활용된 뉴런 중 일부를 제외한 주변 뉴런은 자연스럽게 연결이 약해진다. 이러한 뉴런을 경계 뉴런이라고 부른다. 경계 뉴런은 다른 뉴런과 인접해 있기에 언제든 강한 뉴런이 끌어당긴다. 강하면 강할수록 놀고 있는 뉴런을 차지할 확률이 높아진다.[26]

아기 때 가진 뉴런을 성인이 되어 잃는 이유는 새로운 경험을 하지 않기 때문이다. 20대가 되면 바깥세상에서 접하는 경험 중 대다수가 새롭지 않다. 이때부터 과거에 경험한 것만 반복하여 사용한다. 사용하지 않고 방치한 뉴런은 가지치기를 당한다. 새로운 자극을 받아들이지 않는 한 '쓰지 않으면 잃는다.'는 헵의 이론에 따라 뉴런이 조금씩 감소한다.

노년이 되면 새로운 경험을 할 기회가 더욱더 줄어들 수밖에 없다. 그에 따라 뉴런의 수가 점점 감소하기 때문에 뇌의 활동 지수는 급격하게 떨어진다. 새로운 학습이나 경험 없이 과거 행동만 되풀이하여 살아가면 남는 것은 희망 없는 미래뿐이다. 그러므로 나이에 상관없이 항상 새로운 것을 배우려고 노력해야 한다.

5

피부로 보고 상상으로 치료하다
– 뇌 가소성

촉각이 시각을 대신한 실험

뇌가 고정되었다는 이론이 신경학계를 지배하던 1960년대, 미국의 한 과학 잡지에 다소 엉뚱한 실험 하나가 게재되었다. 특수 제작된 의자 하나와 수많은 전선이 엉킨 컴퓨터 한 대, 그리고 방송사에서 사용하는 카메라가 등장한 이 실험은 사람들의 호기심을 자극했다. 실험 대상자는 태어날 때부터 앞을 못 보는 시각장애인이었다.

그들은 400여 개 전극이 등받이에 부착된 의자에 앉아 카메라를 이리저리 옮기며 주위를 둘러보았다. 카메라에 찍힌 피사체는 컴퓨터로 전송된 후 의자 등받이에 부착된 전극을 통해 그들에게 전달되었다. 피사체는 컴퓨터가 0과 1로 작동되듯 밝음과 어두움 두 가지로 그들에게 전해졌다. 시간이 지나자 실험 대상자들은 촉각을 이용해 차츰차츰 사물을 알아보기 시작했다. 심지어 카메라를 향해

날아오는 물체를 피하기까지 했다.[27]

이 실험은 〈뉴욕 타임스〉를 비롯해 여러 언론에 소개되었지만, 단순한 호기심 이상의 반응을 불러일으키지는 못했다. 당시에는 뇌의 한 부분이 다른 부분을 대신할 수 있다는 이론을 받아들일 만큼 열린 분위기가 아니었기에 실험 결과는 사람들의 기억에서 서서히 잊혀 갔다. 하지만 촉각이 완벽하지 않더라도 어느 정도 시각을 대체할 수 있다는 가능성을 엿볼 수 있었으며, 뇌 가소성을 연구하는 가장 대담한 실험으로 남게 되었다. 그 후 소수이긴 하지만 뇌가 고정되었다는 사실에 의문을 품은 과학자가 하나둘 등장했다. 그들의 노력은 조금씩 성과를 거두기 시작했다.

거울로 병을 고친 신경학자

빌라야누르 라마찬드란은 신경학을 전공한 의학박사이자 심리학 박사다. 그는 뇌 가소성을 누구보다 일찍 깨우친 사람이다. 그의 놀라운 치료는 왜 뇌 가소성에 주목해야 하는지 일깨워 주었다. 라마찬드란은 사고로 팔다리가 잘린 사람들이 흔히 겪는 '환상 사지(幻想四肢)'를 치료하기 위해 기발한 아이디어를 생각해 냈다. 이른바 '거울 상자 치료법'인데, 이는 뇌의 가소성을 활용한 대표 사례다.

원인을 알 수 없는 통증에 시달려 본 사람이 아니라면 그 고통을 온전히 이해할 수 없다. 옛날 사람들은 이상하게 행동하는 사람들을 보면 귀신이 씌웠다며 손가락질을 해댔다. 그런 말을 들은 가족은 어떻게 질병을 치료해야 할지 막막할 따름이었다. 존재하지 않는 원인을 어떻게 제거할 수 있단 말인가?

환상 사지 역시 근원 없는 통증에 시달리는 사람들의 이야기다. 전쟁으로 팔을 잃은 군인은 있지도 않은 팔에서 오는 통증으로 고통을 받는다. 팔 절제술을 받은 환자는 없는 팔에서 오는 가려움 때문에 고통을 호소한다. 그들을 치료하는 것은 불가능하다. 질병의 출처가 없기 때문이다. 절단 수술을 한 환자 대부분이 환상 사지 통증을 느낀다고 한다. 그중 일부는 고통을 평생 안고 살아간다. 왜 이런 현상이 일어날까?

이제 라마찬드란의 '거울 상자 치료법'을 자세히 알아보자. 그는 뇌가 고정되지 않았다는 사실을 명확히 알고 있었다. 뇌의 가소성을 이용하면 신체 일부가 사라진 환자들이 겪는 고통을 충분히 치료할 수 있다고 확신했다. 그는 자신의 이론을 환자에게 적용하기 위해 기발한 실험 도구를 만들었다. '거울 상자'를 만드는 과정은 이랬다. 뚜껑이 없는 상자를 준비하고 상자 한가운데에 판자를 세로로 끼워 넣어 한쪽 면에 거울을 붙여 둘로 나눈다. 상자의 나누어진 각 부분의 앞쪽 면은 두 팔을 각각 끼워 넣을 수 있도록 구멍을 뚫는다. 이제 그의 믿음을 확인할 실험 대상자를 찾는 일만 남았다.

얼마 후 오토바이 사고로 왼팔을 잃은 환자를 치료할 기회가 왔다. 그 환자는 팔 절제술을 받은 다른 환자처럼 존재하지 않는 왼팔에서 오는 통증에 시달리고 있었다. 치료 방법은 아주 간단했다. 멀쩡한 오른팔과 절단된 왼팔을 상자 구멍에 각각 집어넣는다. 그런 다음 환자는 고개를 살짝 기울여 거울을 바라본다. 그리고 멀쩡한 오른팔을 앞뒤로 움직인다. 이게 전부다. 어처구니없어 보이지만, 실제 환상 사지에 시달리던 환자는 충격을 받는다. 수술로 제거된 왼팔이 환생한 것처럼 느껴졌기 때문이다. 하지만 왼팔은 환생한 것이 아니다. 오른팔이 거울에 비친 것이다. 환자는 이 거울 상자를 집에 가져가 꾸준히 연습하기 시작했다. 얼마 후 환자는 거울 상자 없이도 존재하지 않는 왼팔에서 오는 고통에서 벗어날 수 있었다.[28]

환상 사지는 팔이 절단된 순간을 마지막으로 신경회로가 굳어져 생긴 것이다. 즉 뇌신경은 절단된 팔에 전기 신호를 계속 보내지만 존재하지 않는 팔은 답신을 할 수 없다. 따라서 뇌는 마지막으로 팔이 겪은 사실만 기억한다. 말하자면 뇌는 팔이 사라졌다는 사실을 인지하는 것이 아니라, 팔이 절단되면서 남은 마지막 기억을 되풀이하여 수신함으로써 고통의 신경망을 점점 더 강화하게 된 것이다. 그런데 거울 상자는 사라진 팔에 신호를 보낸다. 통증 없는 정상 상태의 팔로 말이다. 거울 상자 훈련을 꾸준히 한 결과 뇌의 신경회로는 다시 배선되었다. 뇌는 마지막 고통을 기억한 신경회로의 연결을 끊고 고통 없는 상태로 회로를 재구성했다.

이 치료법은 뇌가 가소성을 지닌다는 생각에서 출발했다. 환상 사지 자체가 있지도 않은 신체 부위를 상상해서 얻은 고통이라면 그 고통을 없애는 방법 역시 상상력을 이용하는 것이 유일한 방법이다. 라마찬드란의 뛰어난 발상은 많은 신경학자에게 영향을 주었

오래 하는 힘

고, 거울 상자를 이용한 치료와 연구는 계속 활용되었다.

거울 상자 치료법은 뇌가 고정되어 있지 않다는 사실을 증명하는 가장 대표적인 실험이다. 그러므로 이 실험을 잘 기억해 두고 있어야 한다. 오래 하는 힘을 키우기 위해 자신을 어떻게 바꿔야 하는가에 대한 청사진을 거울 상자 치료법이 제공하기 때문이다.

6

육체의 탈옥보다 정신의 탈옥을 선택한 남자
- 상상의 힘

　인간을 교화(세뇌)하기 위해 흔히 사용하는 방법이 신체 구속이다. 철저한 외부 자극 통제로 전두엽의 활동성을 둔화시켜 뇌를 조종하기 쉬운 상태로 만드는 것이다. 스티브 맥퀸과 더스틴 호프만의 열연이 돋보이는 영화 〈빠삐용〉(1973년)은 인간이 외부와 차단되었을 때 어떻게 피폐해지는지 적나라하게 보여 준다.

　인간은 외부와 끊임없이 교감하면서 성장한다. 외부 자극은 뇌의 활동을 촉진한다. 특히 새로운 경험은 뇌에게 주는 최고의 선물이다. 하지만 외부 자극이 차단되면 뇌 활동이 멈춘다. 외부 자극이 차단된 사람들은 먹고 자고 배설하는 행위 외에 아무것도 하지 않는다. 그저 본능에 따른 행동만 되풀이할 뿐이다. 뇌 속 뉴런의 연결이 줄어듦에 따라 원시 사회의 인간으로 변해 간다. 결국 인간성이 상실되는 것이다. 영화 〈빠삐용〉에서 빠삐용이 끊임없이 탈출

오래 하는 힘

을 시도하는 이유는, 사라져 가는 인간성을 되찾기 위한 몸부림인 지도 모른다.

소련의 인권 운동가 샤란스키는 뇌의 가소성을 잘 활용한 사람이다. 한 평도 안 되는 독방에 갇혀 있다고 상상해 보자. 생각만으로 우리의 뇌는 경직된다. 그런데 뇌 활동을 최고로 억제한 공간에서 샤란스키는 400일을 보냈다. 그는 간첩 혐의로 붙잡혀 시베리아 강제 수용소에 감금되었다. 13년 징역살이 중 400일을 독방에서 보냈다. 1년 넘게 외부와 차단된 채 지내는 것만큼 두려운 일은 없다. 아무것도 없는 상태로 일주일 동안 갇혀 지낸다고 생각해 보라. 건강한 사람도 금세 신경쇠약증에 걸리고 만다. 하지만 샤란스키는 빠삐용처럼 탈옥을 시도하지 않았다. 대신 뇌의 가소성을 이용했다. 상상하기 시작한 것이다.

샤란스키는 홀로 체스 게임을 했다. 독방에 갇혀 지내는 동안 상상만으로 엄청난 체스 게임을 경험했다. 뇌는 현실과 상상을 구분하지 않기 때문에 샤란스키가 체스 게임을 상상하는 동안 뇌의 신경회로는 실제 체스 게임을 할 때와 같은 패턴으로 활성화한다. 헵의 이론에 따라 샤란스키의 뇌에서 체스 게임을 할 때 활성화하는 부위는 넓고 단단하게 구축되었을 것이다. 독방 생활로 인한 뇌의 퇴화가 샤란스키에게는 일어나지 않았다.

시간이 흘러 샤란스키는 감옥에서 풀려나 이스라엘로 이주했다. 이스라엘에서 그는 여러 장관직을 역임했다. 그가 장관으로 있을 때 체스 세계 챔피언이 이스라엘을 방문한 적이 있었다. 세계 챔피언은 체스 게임에 재능 있는 각료들과 게임을 시작했고, 한 사람 한 사람 제압해 나갔다. 마지막 주자로 나선 샤란스키는 다른 장관들처럼 그의 제물이 되지 않았다. 세계 챔피언은 이스라엘에서 첫 패배를 경험했다.[29]

뇌는 현실과 상상을 구분하지 않는다. 피아노를 실제로 연주한 사람과 생각만으로 연주한 사람의 뇌를 검사해 보면 모두 같은 부위가 활성화한다는 것을 알 수 있다.[30] 이렇듯 생각만으로 뇌의 물리적 변화가 일어날 수 있다. 어떤 생각을 하느냐에 따라 훌륭한 사람이 될 수도 있고, 그렇지 않을 수도 있다.

오래 하는 힘

7
많이 보고 많이 배워라
– 장기 기억 만들기

  뇌는 '소나타'라는 단어를 떠올리는 순간 회로가 작동하면서 그 단어가 갖는 대표 표상을 끄집어낸다. 그것은 특정 자동차 브랜드일 수 있고, 음악의 한 분야일 수 있다. 뇌는 어떻게 단어만 듣고 하나의 표상을 떠올릴 수 있을까? 그것은 살면서 겪은 경험을 기억으로 저장하기 때문이다. 경험은 과거의 기억이다. 자주 하는 생각이나 행동, 자주 접하는 것이 뇌에 저장된다. 저장된 기억을 떠올릴만한 행동을 하거나 환경과 맞닥뜨릴 때 그 기억은 인출된다.

  그렇다면 경험한 모든 것이 기억으로 저장되는가? 결론을 먼저 말하자면 뇌는 모든 것을 기억하지 않는다. 뇌는 쓸데없는 것은 저장하지 않고 버린다. 새로운 기억과 더 중요한 정보를 받아들이기 위해 빈 공간을 마련해 둔다. 꽃들이 바람에 나부끼고 돌들이 굴러다니는 것을 뇌는 간직하지 않는다. 뇌가 기억하는 것은 그보다 더 강렬한 경험이다.

개울가에 앉아서 밤하늘을 바라보는 장면을 상상해 보자. 당신이 혼자 밤하늘을 바라본다면 그 경험은 오래가지 않을 것이다. 누군가와 함께 있다면, 그 누군가가 당신이 사랑하는 사람이라면 그 경험은 영구히 저장될 확률이 높다. 약한 자극은 뉴런을 발화시키지 못한다. 뉴런을 발화시키기 위해서는 강한 자극이 필요하다. 또 경험은 되풀이될 때 더 잘 기억된다. 결국 기억이 모여 나만의 정체성이 되는 것이다.

인간은 환경이 주는 경험만으로 성장하지 않는다. 학습으로도 성장한다. 하지만 어떤 지식을 습득했다고 해서 그것이 바로 자기 것이 되지는 않는다. 학습은 실생활에 적용되었을 때 기억으로 저장된다. 지식은 반복되어 실행되고 회상될 때 비로소 기억으로 저장된다. 뇌가 어떤 지식을 습득하면 뉴런은 서로 연결되고 하나의 회로를 만든다. 이 지식의 회로가 '쓰지 않으면 잃는다.'는 헵의 이론에 따라 방치되면 기억으로 저장되지 않는다. 실생활에 적용하여 지식 회로를 발화하면 서로 강하게 연결되어 하나의 신경망을 이룬다.

예를 들어 자동차 운전 지식을 책으로 배웠다고 가정하자. 방향 지시등 켜기, 와이퍼 작동하기, 기어 조작하기가 머릿속에 하나의 회로를 만들었다. 그런데 책으로 배운 지식을 사용하지 않으면 이 회로는 금방 사라진다. 자동차 학원에 등록해서 운전 연습을 한다고 생각해 보자. 기어를 조작하고 와이퍼를 작동하려 할 때마다 머릿속에 형성된 자동차 운전에 관한 지식 회로가 함께 발화한다. 운전 연습을 계속하면 지식 회로는 점점 강화한다. 강화한 회로는 장기 기억으로 저장된다. 마침내 기어 조작이 점점 몸에 익어 능숙한 운전자가 될 것이다.

실천과 감정이 반복될 때 경험은 풍부해진다

건강한 뇌를 만들려면 새로운 신경회로를 많이 만들어야 한다. 새로운 경험을 많이 하면 할수록 신경회로는 늘어난다. 이제부터는 어떤 경험이 뇌 발달에 중요한지 살펴보도록 하자.

앞에서 '외부 자극에 의한 경험'과 '지식을 통한 경험'을 알아보았다. 모든 경험이 뇌 성장에 도움이 되지 않는다는 사실도 알았다. 즉 약한 자극이나 실천을 동반하지 않는 지식은 아무리 많이 경험한다 해도 의미가 없다. 그렇다면 외부 자극에 의한 경험과 지식을 통한 경험 가운데 어느 쪽이 더 쉽고 빠르게 기억으로 저장되는지 따져 보자.

물건 값을 치르기 위해서는 수학 지식이 필요하다. 아무 문제없이 물건을 살 수 있는 이유는 수학 지식을 일상에서 끊임없이 사용하기 때문이다. 하지만 세종대왕이 언제 태어났는지, 에콰도르의 수도가 어디인지는 잘 기억하지 못한다. 배운 적은 있지만, 일상에서 거의 쓰지 않아 기억에서 사라진 것이다. 이처럼 지식은 실행 과정을 반복해야 머릿속에 각인된다.

반면에 9·11 테러나 성수대교 사고 같은 외부 자극에 의한 경험은 지식을 통한 경험과 다르다. 이러한 외부 자극은 반복으로 기억되는 것이 아니라 즉각 뇌에 각인된다. 외부 자극에 의한 경험은 지식을 통한 경험보다 훨씬 더 쉽게 새로운 신경회로를 만들 수 있다. 하지만 환경이 주는 경험이 모두 같지는 않다. 앞에서 살펴보았듯이 들판의 꽃과 굴러다니는 돌은 아무런 자극을 주지 못하므로 기억으로 저장되지 않는다.

장기 기억으로 전환되는 데 필요한 자극은 아주 강력해야 한다. 다시 말해 '감정'이 동반되어야 한다. 9·11 테러와 성수대교 사고를 몇 십 년이 흘러도 기억하는 이유는 감정이 개입되기 때문이다. 슬픔, 분노, 공포라는 감정은 경험이 기억으로 저장되도록 촉진한다.

앞에서 뉴런이 어떻게 정보를 주고받는지 배웠다. 뉴런과 뉴런 사이에 존재하는 시냅스에는 신경전달물질을 담고 있는 저장소가 있다는 것을 알았다. 외부의 강한 자극(정보)은 뉴런에 전기 충동을 일으킨다. 이 전기 충동은 축삭돌기로 흘러 들어가 시냅스 전 말단에 도착한다. 이윽고 시냅스 전 말단의 신경전달물질 주머니를 터트려 화학물질을 분비한다. 이 화학물질이 감정을 만들어낸다.

과거 기억을 떠올릴 때면 기억이 만들어질 때 분비된 화학물질이 다시 분비된다.[31] 따라서 기억을 떠올릴 때마다 과거 느낌을 재차 느끼게 된다. 사람들은 라디오에서 흘러나오는 노래를 들으면서 과거를 떠올리곤 한다. 기억 속의 장소와 사람, 나아가 냄새까지 생생하게 떠올린다. 이렇듯 같은 경험이라도 감정이 동반될 때 더 생생하게 기억나는 법이다.

정리해 보면 이렇다. 뇌를 발달시키려면 새로운 신경회로가 필요하다. 새로운 신경회로는 두 가지 경로로 만들어지는데, 하나는 지식을 통한 경험이고 다른 하나는 외부 자극에 의한 경험이다.

지식을 통해 입력된 경험은 실천을 반복할 때 강화하고, 외부 자극을 통해 입력된 경험은 감정을 동반할 때 강화한다. 새로운 자극은 뉴런과 뉴런을 서로 단단하게 결속하여 뇌를 건강하게 만든다는 사실을 잊지 않도록 하자.

열정과 끈기로 성공을 이룬 사람들 1

아버지의 유언을 끝끝내 지킨 사마천

뛰어난 사관이었던 사마천의 아버지 사마담은 일찍부터 사마천의 재능을 알아보고 사마천에게 많은 책을 읽게 하는가 하면 견문을 넓힐 수 있도록 전국 각지를 돌아보게 했다. 이는 사마천이 유명한 역사서 《사기》를 편찬하는 데 소중한 경험이 되었다. 원래 《사기》는 사마천의 아버지 사마담이 계획했던 원대한 꿈이었다. 하지만 사마담은 이 꿈을 이루지 못한 채 죽음을 맞이하였고 자신이 못다 한 역사서 편찬을 자식인 사마천에게 유언으로 남긴다. 아버지의 유언에 따라 사마천은 곧바로 역사서 집필에 들어간다.

작업이 순조롭게 진행되고 있을 무렵 사마천은 한 무제의 명으로 흉노족 토벌에 나섰다가 대패한 같은 고향 사람 '이릉'을 옹호하는 바람에 한 무제의 미움을 사게 되고 옥고를 치르게 된다. 사마천은 궁형으로 치욕스럽게 목숨을 건질 것인지, 아니면 사형을 당할 것인지 선택의 기로에 선다. 사마천은 자신에게 맡겨진 역사서 집필을 마무리하기 위해 남자로서 참기 힘든 궁형을 선택한다.

궁형을 당하고 풀려난 사마천은 후유증으로 엄청난 고통에 시달리면서도 역사서 집필을 멈추지 않았고 드디어 중국 최고의 역사서인 《사기》를 완성했다. 치욕스러운 궁형을 받았다는 이유로 여러 사람에게 멸시를 받기도 했지만, 오직 《사기》를 완성하겠다는 일념 하나로 육체적 고통을 견디고 주변의 시선을 떨쳐냈다. 마침내 위대한 역사서를 후대에 물려주었다.

만약 사마천이 치욕스러운 삶이 아니라 죽음을 선택했다면 어떻게 되었을까? 《사기》는 중국의 역사뿐 아니라 우리의 고조선 역사도 서술한다. 따라서 사마천이 《사기》 편찬을 포기했다면 우리의 역사 일부분을 영원히 잃어버렸을 것이다.

한결같은 호국정신으로 나라를 구해낸 성웅 이순신

이순신은 양반 가문에서 태어났다. 하지만 할아버지가 기묘사화에 연루되는 바람에 아버지 이정은 관직에 오르지 못했고 이후 가세가 기울기 시작했다. 이에 이순신은 문관의 길을 버리고 무관에 뜻을 두게 된다. 그때 나이 22세였다. 28세에 이순신은 무과 별시에 처음으로 응시했다. 하지만 이 시험에서 낙마 사고로 떨어진다. 그러나 포기하지 않고 4년을 더 기다린 끝에 32세에 무과에 급제한다. 이렇듯 늦은 나이에 관직에 올랐지만 한결같이 곧은 성품을 유지했다. 이러한 성품은 한동안 그가 한직에 머물 수밖에 없는 이유가 되기도 한다. 그의 강직한 성품을 눈여겨보고 있던 류성룡의 도움으로 마침내 이순신은 정읍의 현감으로 부임한다. 그때 나이가 45세였지만, 이순신의 능력은 이때부터 꽃을 피우기 시작한다.

그 무렵 일본은 호시탐탐 조선을 침략할 기회를 엿보다가 마침내 조선 침공을 결정하고 군사 행동을 감행한다. 임진왜란이 발발하고 조선은 단 한 번도 승리하지 못하고 연패하면서 속절없이 무너졌다. 조선의 위기가 최고조에 이르렀을 즈음 영웅처럼 나타난 사람이 바로 이순신이다. 이순신은 뛰어난 지략과 용맹으로 조선에 첫 승리를 안긴다. 이순신의 불꽃 같은 승리는 꺼져 가던 조선의 불씨를 되살려 놓기에 충분했다. 이순신의 맹활약으로 임진왜란은 극적 전환기를 맞았고 결국 조선은 일본의 침략을 막아냈다.

이순신이 우리에게 남긴 진정한 교훈은 조국을 지켜낸 무장의 지략이 전부가 아니다. 위기에서 나라를 구한 영웅인데도 당시 관료들은 이순신을 인정하지 않았다. 아니 오히려 그를 시기하고 질시하는 것을 넘어 모함하는 지경까지 이르렀다. 임금인 선조조차 간신들의 말에 속아 이순신을 투옥하고 그의 죄를 물었다. 조선에 유일한 승리를 안겨준 이순신에게는 너무나도 가혹한 처사였다. 그뿐만이 아니다. 이순신은 전쟁 중에 셋째 아들을 잃고 만다. 명량해전에서 셋째 아들이 전사한 것이다. 거기에 더해 전시 중 어머니의 부고 소식을 접한다. 효심이 지극한 이순신에게 어머니의 죽음은 지울 수 없는 상처가 된다.

하지만 이순신은 절대 포기하지 않았다. 모든 역경을 이겨내고 연승하면서 조선을 위기에서 구해냈다. 만약 이순신이 그를 버린 조국 앞에서, 자신보다 먼저 간 아들의 죽음 앞에서, 어머니의 죽음으로 인한 상실감 앞에서 자기 뜻을 굽혔다면 과연 조선은 500년 역사를 이어갈 수 있었을까? 아니 지금 두 발을 딛고 서 있는 대한민국이란 나라가 존재할 수 있었을까?

2장

전두엽에서는
무슨 일이
일어나는가?

집중력 향상, 충동 조절, 불안과 걱정 차단, 의욕과 동기유발, 조급증 탈피, 부정적 사고 바꾸기, 철저한 계획 수립이야말로 오래 하는 힘을 키우는 데 없어서는 안 될 중요한 요소다. 이는 전두엽의 주요 기능과 일치한다.

8
전두엽이 손상되면 어떤 일이 일어날까?
– 전두엽에 주목하게 된 사건

1848년 철도 회사 직원이었던 피니어스 게이지는 산을 폭파하는 폭발팀을 이끌고 있었다. 어느 날 다이너마이트가 잘못 터지는 사고로 그는 머리에 쇠파이프가 박히는 심각한 부상을 입었다. 누가 봐도 살 가망이 없는 위중한 상태였으나 기적처럼 살아났다. 그런데 그는 예전의 게이지가 아니었다. 쉽게 흥분하고, 갈피를 잡지 못하고, 계획에 따라 움직이지 못했다. 그는 리더라고 할 수 없었다. 결국 직장을 잃고 말았다. 개인에게 큰 불행이 된 이 사고는 뇌 과학 발전에 새로운 전환점이 되었다.[1][2]

게이지가 사고를 당하던 무렵, 전두엽에 대한 과학자들의 인식은 지금과 사뭇 달랐다. 그들은 전두엽의 기능보다 중뇌나 소뇌, 뇌간의 기능에 더 큰 비중을 두었다. 중뇌의 변연계는 우리가 느끼는 감정을 담당하는 영역이므로[3][4] 그들은 정서 질환을 앓는 사람들

오래 하는 힘

을 치료할 때 변연계를 중시했다. 하지만 피니어스 게이지의 사례는 전두엽에 대한 기존 인식을 송두리째 바꿔 놓았다.

게이지가 다친 부위는 전두엽이었다. 다른 부위는 전혀 손상되지 않았다. 그때만 해도 전두엽의 기능이 뭔지 제대로 밝혀지지 않았기에 그를 치료한 의사들은 그의 성격이 180도 변할 것이라고 예상하지 못했다. 그때부터 과학자들은 게이지 사례를 심도 있게 연구하기 시작했다. 시간이 흐르자 게이지에 대한 연구는 놀라운 성과를 이뤄냈다. 과학자들은 뇌의 앞부분인 전두엽에 대해 중요한 사실을 알아냈다. 전두엽이 감정의 뇌인 변연계를 직접 통제하고 있다는 점이었다.

학생들이 교실에서 수업을 듣고 있다고 생각해 보자. 선생님이 칠판 앞에 서서 수업을 진행하는 동안 학생들은 수업에 집중한다. 그러나 선생님이 잠시 자리를 비우면 곧 아이들은 왁자지껄 떠들기 시작한다. 아이들을 통제하는 선생님이 사라졌기 때문이다. 게이지의 사례 역시 이와 같다. 전두엽의 기능이 상실되자 통제자를 잃은 변연계가 날뛰기 시작했다. 이성적이던 게이지가 본능에 충실한 사람으로 변해버린 것이다. 그는 자주 이기적으로 행동하고, 행동하기 전에 심사숙고하지 않게 되었다. 자기가 세운 계획을 제대로 실행하지도 못했다. 자부심을 갖고 일하던 과거와 달리 의욕을 잃은 채 일에 매달리지 않았다.

게이지의 사고가 알려주는 바는, 전두엽의 기능이 떨어지면 충동적이고 산만한 사람이 되기 쉽고, 한 가지 일에 집중하지 못하면서 삶의 의욕이 없어진다는 것이었다. 이를 반대로 이야기하면 전두엽은 집중력을 높여 주고, 계획을 세우게 하며, 계획을 꾸준하게 밀고 나가는 능력을 키워 준다. 또 어떤 일을 할 때 심사숙고하도록 돕고, 충동적 행동을 막아 준다.

피니어스 게이지의 불행한 사고는 전두엽의 역할을 밝혀내는 데 도움을 주었다. 곧 전두엽이 집중력 향상과 충동 억제, 감정 통제와 계획 수립 등의 기능을 담당한다는 것이다. 그 후 뇌 과학자들의 관심은 변연계를 포함한 감정의 뇌에서 이성적 사고를 관장하는 전두엽으로 옮겨 가게 되었다.

오래 하는 힘

9
전두엽 절제술의 끔찍한 결과
- 의욕을 잃은 사람들

전두엽 연구의 역사는 불행한 사고로 시작되었다. 그런데 다음 이야기할 사례는 더욱 비극적이다. 인류가 받은 가장 위대한 선물인 전두엽의 기능을 알아 가는 과정이 불행한 사건의 연속이라는 사실은 참으로 아이러니하다.

1930년대 미국에서는 정신질환을 앓는 환자들에게 전두엽 절제술이라는 치료법을 시행했다. 이 시술은 성격장애를 지닌 사람들에게 행한 아주 끔찍한 시술법이었다.[5] 의사는 환자를 잠들게 한 다음 눈구멍 사이로 수술용 칼을 집어넣었다. 그리고 뇌에 있는 전두엽을 절단했다. 이 치료법은 침팬지 실험으로 효과가 입증되었다. 과격한 행동을 하는 침팬지에게 절제술을 시행한 결과 침팬지는 얌전해지고 협조하는 자세를 보였다. 과학자들은 이 실험 결과를 즉시 사람에게 적용했다.

전두엽 절제술을 받은 사람들은 하나 같이 특이한 행동을 했다. 눈에 띄게 조용해지고 게을러졌으며 의욕을 보이지 않았다. 익숙한 것, 곧 과거에 집착하면서 한 걸음도 앞으로 나아가지 못했다. 그들의 일상은 고요 그 자체였다. 같은 일상을 반복하면서 스스로 견고한 성을 쌓고 그 안에 자신을 가두어버렸다. 그런데 가장 큰 불행은 한 가지 일에 몰두하는 능력을 잃어버렸다는 사실이다. 일을 시작하기는 하지만 주의력 결핍으로 산만해져 일을 마무리 짓지 못했다.

이 사실을 통해, 오래 하는 힘을 키우기 위해 신경 써야 할 뇌의 영역이 전두엽이라는 사실은 이제 분명해졌다. 전두엽은 우리를 의식적으로 깨어 있게 한다. 또한 뇌의 다른 부분과 긴밀하게 연결되어 있어 우리 몸을 통제한다. 오래 하는 힘을 키우려면 잠자는 전두엽을 깨워야 한다. 전두엽이 건강하게 활동하도록 자신을 변화시켜야 한다. 그렇다면 전두엽은 언제 성장을 마칠까? 유감스럽게도 전두엽은 뇌에서 가장 늦게 완성된다. 보통 25세 전후가 되어야 전두엽은 완전해진다.[6] 청소년기와 20대 초반에 보이는 겁 없는 행동은 전두엽이 아직 완성되지 않아서 일어나는 일이다.

전두엽 절제술을 받은 사람들은 게을러지고 의욕을 상실했으며 한 가지 일을 제대로 완수하지 못했다. 이 사례는 능력을 발휘하기 위해 필요한 오래 하는 힘을 키우는 데 주목할 뇌 영역이 전두엽이란 것을 증명해 준다.

10

내가 뭘 사러 왔더라?
— 전두엽의 기능 ① 집중력 향상

전두엽은 의식적으로 행동하게 하면서 그 의식을 어디에 쏟을지 결정한다. 어떤 일에 주의를 기울일지 결정하고 나면 곧바로 행동에 들어간다. 지금 해야 할 일과 관련 없는 회로를 차단하여 집중하도록 하는 것이다.

마트에 라면을 사러 간다고 상상해 보자. 집을 나서는 순간부터 수많은 주변 환경의 자극을 받게 된다. 아는 사람과 마주치기도 하고, 물건을 사려고 길게 줄 선 사람들에게 시선을 빼앗기기도 한다. 교통사고 현장을 지나면 한참 걱정스러운 눈빛으로 들여다보기도 한다. 그러나 결국 처음 생각대로 라면을 사서 집에 돌아온다. 단순한 이 미션을 달성하게 해 주는 것이 전두엽이다.

이상하게 들릴 수 있지만, 전두엽에 문제가 생긴 사람은 마트에 가서 라면 사는 아주 단순한 일조차 하기 힘들어한다. 처음 계획한

라면을 사지 못하고 주변 자극에 휩쓸려 결국 자신이 뭘 사려고 왔는지 잊어버리게 된다. 전두엽에 문제가 생긴 사람에게 흔하게 일어날 수 있는 상황이다.

주의력결핍 과잉행동장애(ADHD)는 한 대상에 오랫동안 주의를 기울이지 못하는 증상이 나타나는 질환이다. ADHD 환자는 아이러니하게도 관심을 기울일 대상에 주의를 기울이면 기울일수록 오히려 산만해진다. 전두엽 활동이 더 둔화하기 때문이다. 뇌 과학자들은 SPECT(단일광자방출 컴퓨터단층촬영)로 ADHD 환자의 뇌를 검사했다. 그 결과 뭔가에 집중할 때 전두엽의 활동성이 떨어진다는 사실을 알아냈다.[7]

전두엽의 문제는 개인 문제로 끝나지 않는다. ADHD는 나쁜 습관으로 이어지고 사회성을 떨어뜨려 최악의 경우 환자를 문제아로 만들기도 한다. 그러므로 지금부터라도 전두엽 문제에 관심을 기울여야 한다. 집중력에 관해 이야기할 때 흔히 떠올리는 대상은 명상과 기도가 몸에 밴 수도자다. 신앙은 전두엽을 활성화하는 데 가장 강력한 수단이 된다. 뇌 과학자들은 스님과 수녀를 모아놓고 명상과 기도를 부탁한 후 전두엽의 활동성을 조사해 보았더니 전두엽 활동이 두드러지게 증가한다는 사실을 알아냈다.[8] 뭔가에 집중할 때 전두엽이 얼마나 분주하게 움직이는지 확인할 수 있었다.

마트에 가서 라면을 사오는 미션을 성공했다고 해서 자신의 전두엽을 과신해서는 안 된다. 다른 예를 들어 보자. 지하철 안에 있는 자신을 상상해 보자. 당신은 책을 펼쳐 들고, 곧이어 책 속에 파

오래 하는 힘

묻힌다. 전두엽이 활동을 시작한 것이다. 그런데 잠시 후 지하철 안에 설치된 모니터에서 현란한 영화 광고가 시작된다. 어지러운 이미지가 일과에 지친 승객의 시선을 사로잡는다. 당신도 예외는 아니다. 어느새 당신은 다른 승객처럼 광고에 빠져든다.

다른 예도 살펴보자. 당신은 무척 건강을 신경 쓰는 사람이다. 호기롭게 피트니스 클럽에 등록하고 일주일 정도 열심히 다닌다. 한 달 뒤 출석 일수를 확인해 보니 고작 보름만 열심히 다녔다는 사실을 알게 된다. 다음 달에 더 열심히 다니기로 마음먹지만 출석 일수는 자꾸 줄어만 간다. 이런 일은 주위에서 흔하게 일어나는 사례다. 그러나 이것을 문제라고 여기는 사람은 많지 않다. 이런 행동은 거듭되어 일상의 일부로 자리 잡는다.

반면 운동선수의 집중력은 종교의 믿음만큼이나 강력하다. 야구선수의 눈에는 야구공이 수박만 하게 보이고, 농구선수의 눈에는 농구 골대가 태평양처럼 넓게 보인다. 그들 눈이 이상해서 이런 현상이 일어나는 것일까? 결코 그렇지 않다. 운동선수와 일반인의 차이는 무엇일까? 그것은 전두엽의 건강 상태다. 일반인의 행동은 전두엽 건강과 거리가 멀다. 반면에 운동선수는 쉬지 않고 훈련하여 전두엽을 강화한다. 강화한 전두엽은 집중력을 키운다. 일반인에게 문제라고 여겨지지 않는 일이 운동선수들에게는 극복의 대상이 된다.

전두엽은 분명히 뭔가에 집중하도록 해 준다. 그러나 의지나 노력 없이 전두엽이 저절로 뚝딱 하고 만들어내는 것은 아니다. 전두엽은 뭔가에 집중하려는 의지를 가지고 노력할 때 의지를 굳힐 수 있도록 도와준다. 책을 읽을 때 영화 광고의 유혹을 떨쳐 내게 하고, 피트니스 클럽으로 향하는 길에 친구와의 술자리, 애인의 사랑스러운 향수 냄새 등 각양각색의 자극을 차단케 하며 운동에 전념하도록 해 준다. 의지만 있다면 전두엽은 언제든 당신 편이다.

오래 하는 힘을 기르려면 사소한 일이라도 집중하고 몰입하는 습관을 들여야 한다. 그러려면 전두엽의 도움이 필요하다. 건강한 전두엽은 당신이 집중하고자 하는 대상에 주의를 기울일 수 있도록 도와준다.

오래 하는 힘

11

감정의 폭주를 막아라
− 전두엽의 기능 ② 충동 조절

앞에서 소개한 피니어스 게이지의 사례와 더불어 전두엽이 손상된 환자들에게서 알아낸 사실은 충동을 억제하지 못한다는 것이다. 좌측 전두엽의 아랫부분, 즉 눈과 가장 가까운 부분이 손상되면 충동을 조절하는 기능을 잃게 된다.[9]

아직 전두엽이 완성되지 않은 아이가 어떻게 반응하는지 알아보자. 사탕을 손에 쥐고 방긋 웃는 아이가 있다고 생각해 보자. 아이는 사탕의 단맛에 깊이 빠져 있다. 그때 아이에게서 사탕을 뺏는다고 가정해 보자. 아이는 처음에 사탕을 쉽사리 빼앗기지 않으려고 손을 꼭 쥔다. 어른이 "사탕은 몸에 해로워. 많이 먹으면 안 돼." 하며 아이를 설득하려고 노력한다. 아이의 전두엽에 호소해 보지만, 발달이 덜 된 아이의 전두엽에겐 변연계를 억누를 힘이 없다. 따라서 전두엽은 아무런 반응을 하지 않는다. 참지 못한 어른이 강제로 아이의 손에서 사탕을 빼앗는다. 결국 아이는 큰 소리로 울음을 터트린다. 전두엽이 침묵하는 사이 변연계는 활발하게 움직이므로 아이의 뇌에 단단히 고정된 '달콤한 맛'이라는 신경 연결을 끊기란 불가능하다.

성인이 되어도 이런 일은 종종 벌어진다. 담배를 하루에 한 갑씩 꾸준히 피우는 사람이 있다고 치자. 그는 몇 번이나 금연을 결심해보았을까? 그가 단칼에 담배를 끊을 수 있을까? 한 번에 금연한다면 건강한 전두엽을 가졌다고 생각해도 좋다. 하지만 결심만 하고 담배를 끊지 못할 경우 전두엽이 건강한지 생각해 볼 필요가 있다.

이처럼 오랫동안 굳어진 습관을 고치려고 할 때 뇌에서는 어떤 일이 일어날까? 뇌는 뉴런과 뉴런의 모임이고, 뉴런은 뇌를 구성하는 기본 세포다. 뇌는 뉴런을 통해 의식 또는 무의식적으로 많은 일을 수행한다. 뉴런은 전기 신호를 주고받는데 이때 신경전달물질이라는 화학물질이 분비된다. 이 화학물질은 감정을 불러일으킨다.

금연에 실패하는 이유

신경전달물질은 담배를 끊으려는 사람의 몸에 어떠한 반응을 불러일으킬까? 흡연자는 스트레스를 받을 때 자연스럽게 담배를 떠올린다. 담배를 한 모금 빨아들였다 연기를 뱉는 순간, 스트레스도 함께 날려버린다는 느낌을 받는다. 신경전달물질인 도파민 때문이다. 담배를 피울 때 도파민이 분비된다. 이 화학물질은 담배 피우는 모습을 상상하기만 해도 분비된다. 도파민은 뭔가를 기대할 때, 기

오래 하는 힘

대가 충족될 때 분비되는 화학물질이다.

신경전달물질은 시냅스라고 부르는 뉴런과 뉴런 사이의 작은 틈으로 분비되는데, 이 시냅스의 앞쪽 말단에는 신경전달물질이 모여 있는 저장소가 있다. 이 저장소에서 도파민이 분비되어 시냅스를 건너 수용체와 만난다. 문제는 신경전달물질이 많아지면 수용체역시 그것을 받아들이는 영역을 넓힌다는 것이다. 따라서 신경전달물질을 더 많이 원하게 된다.[10] 이 상태에서 담배를 피우지 않겠다고 선언하면, 마치 손님이 많아져 계산대를 넓혔더니 오히려 손님이 줄어 계산대가 쓸모없어진 것과 같다. 가게 주인은 쓸모없어진 계산대를 그냥 두고 볼 수 없어서 행동에 나선다. 손님을 끌기 위해 광고를 시작하고, 밖으로 나가 지나가는 사람들에게 호객 행위를 한다. 수용체도 마찬가지다. 수용체 역시 넓혀 놓은 영역을 충족하기 위해 아우성치기 시작한다. 몸이 원하는 양만큼 화학물질을 분비하지 못하면 뇌는 이렇게 말한다. "어이, 담배 좀 피워. 화학물질이 부족하잖아!" 금단 현상은 흡연자에게 계속 충동질을 한다. 사탕을 빼앗긴 아이가 어쩔 줄 몰라 우는 것과 같은 원리다.

오늘부터 금연을 시작해 보자. 우리는 울며 떼쓰는 어린아이가 아니다. 사탕을 빼앗긴 아이는 전두엽이 완전히 발달하지 않았기에 변연계를 적절히 통제하지 못한다. 따라서 아이는 충동 조절을 못할 수밖에 없지만 성인은 그렇지 않다. 현재 상황이 힘들다고 담배를 피우면 잠깐 스트레스가 풀릴지 모른다. 그러나 오래 두고 볼때 전두엽에 악영향을 미쳐 좋은 결과를 기대하기 어렵다는 사실을 깨달아야 한다. 흡연 욕구가 강해질 때마다 전두엽을 활용하자. 의지는 전두엽의 소산이다. 하고자 하는 의지를 드러낼 때 전두엽은 의지를 더욱 강하게 해 줄 것이다.

욕구를 억제하지 못할 때 발생할 수 있는 일들

충동을 억제하지 못할 경우 문제를 일으킬 수 있다. 우리가 뇌 건강에 더욱 신경을 써야 하는 이유가 여기 있다. 각종 사건과 사고를 분석해 보면 충동 성향과 밀접하게 관련되어 있다는 것을 알 수 있다. 예를 들어 성욕을 통제하지 못해 발생하는 성폭력, 감정을 억제하지 못해 발생하는 폭력행위, 물건에 대한 욕구를 참지 못해 발생하는 절도는 충동을 억제하지 못해 일어나는 범죄 행위다.[11]

가정에 충실하던 사람이 갑자기 바람을 피우거나, 신망이 두텁던 사람이 남의 물건에 손을 대거나, 평소 사리분별을 잘하는 사람이 툭 하면 언쟁을 일삼고 싸우려 드는 행동은 언제든 일어날 수 있다. 가정 문제, 직장 문제 모두 충동을 조절하지 못해 나타난 결과다. 왜 이런 문제가 발생할까?

충동 조절 실패는 감정을 통제해야 할 전두엽이 제 기능을 못한 탓에 생긴 결과다. 전두엽에 문제가 생기면 남에게 해를 입힐 가능성이 커진다. ADHD 같은 장애가 있어야 문제가 되는 것은 아니다. 어릴 적 부모에게 학대를 당했거나, 태어날 때부터 전두엽에 문제가 있거나, 머리에 가벼운 손상을 입어도 그런 증상이 나타날 수 있다. 더 중요한 문제는 평소에 뇌를 건강하게 하는 생활습관을 유지

오래 하는 힘

하지 못할 경우·충동을 억제하지 못할 확률이 높다는 점이다. 충동 행동을 방치해 두면 오래 하는 힘을 키우는 데 필요한 기본 치료 도구를 잃게 된다.

비만의 이유

충동 조절 실패와 관련하여 비중 있게 다뤄야 할 문제는 비만이다. 비만 역시 전두엽의 기능 중 충동 통제와 관련 있다. 비만의 가장 큰 요인은 먹는 것을 조절하지 못하는 것이다. 비만 환자의 뇌를 스캔해 보면 전두엽 활동이 상당히 위축되어 있음을 알 수 있다. 2008년 미국의 〈소아과학 저널〉은 주의력결핍 과잉행동장애를 가진 아이들이 그렇지 않은 아이들보다 과체중 위험성이 1.5배 더 높다고 발표했다. 건강한 몸을 유지하려면 전두엽을 건강하게 만들어야 한다.[12] 충동을 조절하지 못해서 개인과 사회는 막대한 손실을 입는다. 그러므로 결코 가볍게 넘길 문제가 아니다. 이제부터라도 전두엽에 더 많은 관심을 기울여야 한다.

변연계는 감정의 중추다. 감정은 신경전달물질의 작용으로 만들어진다. 충동을 조절하지 못하는 이유는 이성보다 감정이 앞서기 때문이다. 이성과 감정이 적절한 조화를 이루지 못할 때 심각한 문제가 발생한다. 전두엽은 변연계를 통제하여 이성과 감정이 균형을 맞추도록 한다.

12
멋대로 생각하지 마
- 전두엽의 기능 ③ 정서 관리

원시 시대의 인류는 다른 동물과 다를 게 없었다. 그저 여러 종 가운데 하나였다. 인류는 먹이사슬의 맨 아래쪽에 있었으므로 먹히지 않고 살아남는 일을 가장 중요하게 여겼다. 삶과 죽음 외에 어느 것도 중요하지 않았다. 포식자를 만나면 재빠르게 도망치고, 살아남기 위해 사냥을 해야 했다. 수풀 속에서 움직이는 물체를 보면 도망칠지 아니면 맞서 싸울지 순식간에 판단해야 했다. 이런 본능적 행동은 유전자를 통해 현재 우리에게도 각인되어 있다. 이 유전자를 '생존 반응' 또는 '투쟁-도피 반응'이라고 한다.[13]

현대인은 맹수의 위협에서 벗어나거나 먹기 위해 사냥하지 않아도 된다. 대신 카드빚에 허덕이고 대학 가기 위해 경쟁하며, 취직하기 위해 스펙을 쌓고, 납부해야 할 세금과 공과금에 치여 산다. 환경이 바뀌었을 뿐 생존 관련 메커니즘은 옛 조상과 다를 것이 없다.

오래 하는 힘

차이점이라면 과거의 생존 반응은 강하고 단기적인 반면, 현재의 생존 반응은 약하지만 장시간 지속된다는 것이다. 또 생존 반응이라는 말 대신 스트레스라는 단어를 쓴다는 정도다.

　포식자와 굶주림에서 해방된 인간은 정서적·심리적 스트레스에 둘러싸여 있다. 눈앞에 닥친 문제 때문에 생겨난 스트레스 외에도 일어나지도 않은 미래를 걱정하며 가상의 스트레스를 만든다. 이러한 스트레스는 단순하지 않다. 스트레스 원인이 딱히 없는데도 불안과 걱정을 습관처럼 반복하여 더 큰 문제를 일으킬 수도 있기 때문이다.

불안과 걱정을 다스려야 하는 이유

　나는 종종 일어나지 않은 일 때문에 불안과 걱정에 휩싸인다. 단순한 두통 때문에 뇌에 큰 문제가 생긴 건 아닌지 온종일 고민에 싸여 일을 제대로 할 수 없을 때가 있다. 아이가 감기에 걸리면 별의별 생각을 다 하며 온종일 걱정스러운 눈빛으로 아이를 관찰하기도 한다. 하지만 언제나 그랬듯 두통은 사라지고 아이 역시 완쾌된다.

　당신도 예외는 아니다. 중요한 면접시험을 앞두고 침대에 누워 끙끙거린다. 어제 미팅에서 만난 상대가 나를 어떻게 생각할지 고민한다. 내일 있을 계약이 잘 성사될까 걱정하며 쉽게 잠들지 못한다. 언제 어느 때든 일어나지도 않은 일을 걱정하며 살아간다.

　불안과 걱정이 심해질 때 지울 수 없는 상처를 입기도 한다. 어릴 때 부모에게 받은 학대, 뇌 이상으로 인한 불안장애는 더 나쁜 형태인 강박장애로 진행될 수 있다. 강박장애의 문제점은 불안이 불안을 낳는다는 것이다. 끊임없이 되풀이되는 불안의 악순환은 좀처럼 끊어내기가 어렵다.

강박장애를 가진 사람들은 걱정이나 불안의 요소가 해소되어도 불안감에서 빠져나오지 못한다. 해결해야 할 불안 요소가 사라졌어도 계속 불안해한다. 그들은 가스 밸브를 잠갔는지 확인하기 위해 외출했다가 집으로 돌아오기도 하며, 외출을 아예 하지 않는 경우도 있다. 결국 불안 상황을 견뎌내지 못하고 극단으로 치닫는 사람도 있다. 물론 강박장애는 평범한 사람의 불안이나 걱정과 그 차원이 다르다. 여기서 알아야 할 것은 뇌가 끼치는 영향력이 생각보다 훨씬 더 크다는 사실이다.

스트레스를 없애야 하는 이유

스트레스가 우리 몸을 어떻게 해롭게 하는지 알아보자. 스트레스는 자율신경계를 움직인다. 자율신경계를 통제하는 것은 중뇌의 변연계다. 자율이라는 단어가 말해 주듯 자율신경계는 의지와 무관하게 저절로 작동한다. 즉 무의식의 한가운데에 자율신경계가 존재한다. 자율신경계는 교감신경계와 부교감신경계로 나뉜다. 교감신경계는 스트레스 상황에서 작동하는 신경계다.[14]

생존 반응이 일어날 때(위기 상황에 직면할 때) 교감신경계는 몸여기저기에 신호를 보낸다. 몸은 교감신경계의 명령을 받아 즉각 반응한다. 혈압을 올리고 동공을 확장하며, 팔과 다리 근육에 에너지를 모은다. 생존에 필요한 부분만 작동하도록 다른 기능을 정지시킨다. 이러한 생존 반응은 살아남기 위해 꼭 필요한 시스템이다. 교감신경계의 신속한 작용 덕분에 원시 시대의 인류는 포식자에게서 달아나고, 약한 동물을 요리조리 몰며 잡아먹을 수 있었다. 그러나 지금은 인류를 공격하는 포식자도 없고, 굶주림을 해결하기 위해 사냥할 필요도 없다.

교감신경계의 작용은 생존을 위협하는 대상이 포식자이든 신용카드 고지서든 구분하지 않는다. 그저 위기 상황에 즉각 반응할 뿐이다. 인류는 생존 반응 유전자를 물려받았다. 이 유전자는 아주 긴 세월을 거쳐 공고히 다져진 회로를 통해 체계화한 탓에 이 신경망에서 벗어나기란 결코 쉽지 않다.

문제는 지금 우리가 겪는 스트레스를 과거와 달리 금방 해소할 수 없다는 데 있다. 포식자에게서 생겨난 공포는 포식자의 시야에서 벗어나는 순간 사라진다. 하지만 카드 결제대금이 연체되면 돈을 갚기 전에는 스트레스에서 벗어날 수 없다. 스트레스가 지속되면 교감신경계는 계속 작동하여 몸에 나쁜 영향을 미친다. 스트레스를 받으면 나타나는 대표 증상이 소화 불량이다. 소화에 써야 할 에너지가 생존 반응을 위한 에너지로 쓰여 소화가 되지 않는다. 자율신경계가 소화보다 스트레스 해소를 더 중요하게 판단하기 때문이다.

교감신경계는 화학물질인 아드레날린을 분비하라고 부신이란 기관에 명령한다. 이 화학물질이 혈압을 높이고 심장 박동을 빠르게 만들며 동공을 확장시킨다. 아드레날린은 몸을 적당하게 긴장시켜 주의력을 높여 주기도 한다. 하지만 스트레스가 만성화하면 아드레날린이 과도하게 분비되어 각종 질병을 일으킨다. 뇌졸중이나 심근경색 같은 혈액 순환장애가 그것이다.

부신에서는 아드레날린 외에 스트레스 호르몬인 코르티솔을 분비한다. 장기간 스트레스에 시달릴 경우 코르티솔은 면역력을 떨어뜨려 각종 면역 질환을 일으킨다.[15] 이런 여러 문제는 두말할 필요 없이 무슨 일이든 오래 하지 못하도록 하는 원인이 된다.

사람은 대부분 현재에 집중하지 못하고 과거에 갇혀 산다. 스스로 만들어낸 걱정이나 불안은 경험에서 비롯된 것이다. 그 경험은 미래에 일어날 일이 어떨지 예측하게 하여 사람을 조건화한다. 종소리만 듣고도 침을 흘리는 파블로프의 개처럼 과거 경험으로 미래를 쉽게 예측하여 교감신경계를 작동시킨다. 생존 반응에 둘러싸여 있을 때 시야는 좁아진다. 그러면 현재에 충실하지 못하고 과거에 갇혀 살아갈 수밖에 없다. 따라서 교감신경계가 과도하게 작동하지 않도록 해야 한다. 교감신경계를 통제하는 일은 오로지 전두엽이 할 수 있다. 전두엽은 쓸데없는 걱정에 휩싸이지 않고 현재에 집중하도록 해 준다. 전두엽은 지금 하는 일과 관련 없는 일을 차단하여 현재에 머물도록 해 준다. 전두엽이 건강해야 과거에 얽매이지 않고 앞으로 나아갈 수 있다는 사실을 꼭 명심하기 바란다.

사람들은 종종 일어나지 않은 일에 대한 불안과 걱정으로 자신을 괴롭힌다. 과거의 경험에 비추어 미래를 예측하기 때문이다. 불안과 걱정은 교감신경계를 작동시킨다. 외부의 위협에 맞서 자신을 보호하기 위해 교감신경계는 무의식으로 작동된다. 약의 오남용이 건강을 해치듯 교감신경계의 과도한 활성 역시 몸을 병들게 할 수 있다. 전두엽은 과거 경험에 의해 유발되는 걱정과 불안을 떨쳐버리고 현재에 집중하게 해 준다. 지금 하는 일에 집중할 때 쓸데없는 걱정과 불안은 설 자리를 잃는다.

13
너의 의지를 보여 줘
– 전두엽의 기능 ④ 의욕과 동기유발

피니어스 게이지의 사고로 촉발된 전두엽 연구는 전두엽 절제술로 이어졌다. 뇌 과학자들은 그 두 사례에서 한 가지 중요한 사실을 알아냈다. 게이지를 비롯해 전두엽 절제술을 받은 사람들이 삶에 대한 목표와 의지를 잃어 무기력증에 시달렸다는 점이다. 미래를 계획하고 계획한 미래를 굳은 의지로 실행할 능력을 잃어버린 것이다.[16)]

성공하기 위해서는 오래 하는 힘이 필요하다. 오래 하기 위해서는 강한 의지가 뒷받침되어야 한다. 그렇다면 의지는 어디서 나오는 것일까? 전두엽이 손상된 사람들이 무기력하게 변했다는 것을 고려할 때, 의욕과 동기를 불러일으키는 강한 의지가 자리한 곳은 전두엽이라 할 수 있다.

그렇다면 의지란 무엇일까? 의지에는 두 가지가 있다. '전두엽을

오래 하는 힘

활용하지 않은 잠재의식 속 의지'와 '전두엽을 적절히 활용한 의식적 의지'다.

잠재의식 속 자유의지 vs 의식적 자유의지

우리는 자유의지가 모든 행동을 통제한다고 생각한다. 어떤 물건을 고를지, 어떤 일을 할지, 짜장면을 먹을지 짬뽕을 먹을지 결정할 때 자유의지로 판단한다고 생각해 왔다. 그 생각이 과연 옳은지 다시 한번 생각해 볼 필요가 있다.

BBC에서 방영한 6부작 다큐멘터리 〈BRAIN STORY〉에 나오는 흥미로운 실험 하나를 소개하고자 한다. 이 실험은 실험 대상자(아나운서)의 뇌에 전극을 연결하고 그가 뭔가를 선택할 때 뇌가 어떻게 반응하는지 알아보는 간단한 실험이다. 전극에 연결된 아나운서는 모니터 화면에 나타난 시계를 주시한다. 시계 중앙에는 시곗바늘이 빠르게 돈다. 아나운서는 시곗바늘을 보면서 바늘이 시계의 중앙(12시 또는 6시)에 오면 재빨리 자판을 누른다. 실험 결과는 어떠했을까? 뇌파 검사로 나타난 실험 결과는 기존 관념을 깨트렸다. 시곗바늘이 정중앙에 위치하여 아나운서가 행동에 돌입하기 전에 뇌파는 이미 전기 충동을 일으켰다. 그것도 2초나 빠르게 말이다.[17]

신경과학자 벤저민 리벳의 실험에서도 같은 사실을 확인할 수 있었다. 벤저민 리벳은 실험 대상자들이 어느 쪽 손을 들지 미리 판단할 수 있다고 믿었다. 리벳은 실험 대상자들의 뇌에 뇌파계를 연결한 후 어느 쪽이든 들고 싶은 손을 들어 보라고 했다. 리벳은 사전에 그들이 어느 쪽 손을 들지 알았다. 실험 대상자들이 어느 쪽 손을 들지 생각하기 전에 뇌파가 변했기 때문이다. 변화를 일으킨 뇌파 영상이 리벳에게 먼저 전달되었다.[18]

이 실험에서 알 수 있는 재미있는 사실은 우리가 뭔가를 선택하고 행동하기 전에 뇌가 그보다 한발 앞서 우리를 조종한다는 것이다. 따라서 의사 결정에서 뇌의 기능이 얼마나 중요한지 알아야 하며, 뇌를 더욱 연구하고 제대로 활용할 줄 알아야 한다.

우리가 자유의지로 선택했다고 믿는 행동 대부분은 과거 경험이 그렇게 만든 것에 지나지 않는다. 짬뽕을 선택한 이유는 짬뽕을 맛있게 먹었던 경험이 쌓이고 쌓인 결과다. 그 경험이 무의식에 오랫동안 저장되어 있다가 선택의 순간에 발현한 것이다. 이것이 바로 잠재의식 속 자유의지다. 스스로 선택했다고 믿어 의심치 않은 행동은 무의식이 한 발 먼저 내린 선택을 따른 것이다.

침팬지와 인간은 유전자의 99%를 공유한다고 한다. 아이러니하게도 1%의 차이가 인간과 침팬지를 다르게 만든다. 그 1%의 차이는 무엇일까? 뇌 과학으로 보면 뉴런의 수로 설명할 수 있다. 침팬지의 뇌는 사람의 뇌보다 작다. 뇌의 크기가 다르다는 말은 뉴런의 수에 차이가 있다는 뜻이다. 하지만 인간이 침팬지와 다른 가장 중요한 점은 의식을 가지느냐 그렇지 않으냐의 차이라고 확신한다. 침팬지에게도 자유의지가 있다. 침팬지도 자신이 먹고 싶은 것을 고를 수 있다. 그러나 침팬지의 행동은 단지 과거의 경험을 바탕으로 내린 결정이다. 즉 잠재의식 속 자유의지라 말할 수 있다.

결심한 일을 제대로 해내지 못할 때가 많다. 새해가 되어 하루 20분씩 운동하겠다고 다짐하고, 금연을 결심하며, 외국어를 배우기 위해 학원에 등록한다. 그러나 그 결심은 너무 쉽게 무너진다. '내일 하지 뭐.' '조금 피곤한데.' '하루쯤 건너뛰어도 괜찮아.' '맞아, 오늘 중요한 약속이 있지.' 또 다른 자아가 우리를 손쉽게 제압해 버리는 것이다. 무의식 속 자아는 과거 행동을 되풀이하도록 부추긴다. 오래되어 딱딱해진 신경망을 새롭게 재구성하기보다 그냥 내버려 두기를 원한다. 피곤함을 무릅쓰고 운동하러 나가는 대신 쉬는 것을 선택하도록 유도한다.

진정한 자유의지란 무엇일까? 그것은 의식을 동반한 자유의지다. 과거 경험에 의지하여 선택하거나 행동하는 대신 전두엽을 활용해 무의식적으로 선택하거나 행동하는 습관을 의식적으로 차단해야 한다. 객관적이고 현실적인 사고로 판단하려고 노력해야 한다.

진정한 자유의지를 깨워야 하는 이유

자신을 객관적으로 관찰하는 것은 인간만 가진 고유한 능력이다. 인간은 의식적으로 자신을 관찰할 수 있다. 무엇이 잘못되었는지 깨닫는다. 전두엽은 이러한 의식적 행동을 하게 하는 중추다. 의지와 동기를 상실한 삶은 무의미하다. 전두엽이 손상된 사람들에게 삶은 지겨운 일상의 연속이다. 그들은 동기도 의욕도 보이지 않는다. 목표 의식이 없는 인간은 아무것도 할 수 없다. 그저 하루하루 무기력하게 살아가는 빈껍데기일 뿐이다.

우리는 하루의 대부분을 무의식 속에서 보낸다. 아침에 일어나 세수하고 자동차를 타고 출근한다. 퇴근 시간이 되면 다시 집으로 돌아온다. 무의식에 따라 걷고, 무의식 속에서 운전하기도 한다. 언제나 의식하며 살아간다고 믿지만 애석하게도 그렇지 않다. 무의식 활동이 의식 활동보다 더 우월할 때, 진정한 자유의지란 존재하지 않는다. 따라서 의식 있게 행동하기 위해 노력해야 한다. 의식적 노력은 전두엽을 통해 실현된다. 진정한 자유의지란 의식을 가지고 행동할 때 나온다.

자신을 면접관이라고 상상해 보자. 내 앞에 최종 후보자 두 명이 앉아 있다. 둘 중 한 명을 선택하기 위해 이런저런 질문을 하고, 이력서를 다시 찬찬히 훑어보며 심각하게 고민한다. 둘 중에 한 사람만 뽑을 것이다. 이때 전두엽을 활용할지 말지에 따라 선택되는 사람이 달라질 수 있다. 잠재의식 속 자유의지를 바탕으로 사람을 뽑는다면 과거에 비추어 면접자를 바라볼 것이다. 선입견은 내 의사를 대신해 판단하여 옳지 않은 결정을 내릴 수 있다. 하지만 면접자의 지연과 학연을 무시하고 객관적 기준으로 보려고 노력하면, 현명한 판단을 내릴 확률이 높아진다.

무슨 일이든 의욕을 가지고 꾸준히 오래 하려면 강력한 의지력이 뒷받침되어야 한다. 의욕은 사그라지기 쉽다. 굳은 의지는 의욕을 오랫동안 지속시켜 준다. 하지만 의지는 의식으로 발현되어야 한다. 무의식으로 발현되는 의지는 진정한 의지가 아니다. 과거의 경험을 반복하는 것일 뿐이다. 진정한 의지는 의식이 자리한 전두엽에서 나와야 한다.

14
잠깐, 한 번 더 생각해 봐
─ 전두엽의 기능 ⑤ 조급증 관리

전두엽이 손상된 사람 중에 시간 관리와 행동 타이밍을 조절하지 못하는 이가 있다.[19] 그들은 생각하기 전에 행동한다. 나서야 할 때와 물러나야 할 때를 구별하지 못해 주위 사람들을 힘들게 한다. 관심사나 물건에 집착하는 속도가 빠르다 보니 실수가 잦고 충동적으로 행동한다. 남들보다 빨리 먹다 보니 소화 불량에 시달리며 복부 비만인 경우가 많다. 이렇게 조급한 마음을 조절하는 기능이 전두엽에 있다.

간혹 조급한 마음이 일의 능률을 올리기도 한다. 관심이나 호기심을 자극하는 일에 고도의 집중력을 보이므로 놀라운 성과를 내기도 한다. 하지만 이런 집중력은 오래 가지 못한다. 호기심이 식거나 새로움이 없어지면 무기력해진다. 전두엽 활동이 느슨해져 뭔가를 계획하거나 무슨 일에 나서려 하지 않는다.

오래 하는 힘

조급증이 발동하는 이유는 무엇일까? 앞에서 무의식이 의식보다 먼저 반응한다는 사실을 알았다. 무의식은 과거 경험이 차곡차곡 쌓여 감정을 담당하는 중뇌에 저장되거나 대뇌피질 여기저기에 분포되어 있다가 우리가 어떤 행동을 시작하면 불쑥 튀어나온다. 감정이 생각보다 앞서기 때문에 조급해지는 것이다. 기쁨과 희열을 느꼈던 과거의 감정, 경험이 생각 없는 행동을 유발한다. 그래서 뭔가를 시작하면 서둘러 결과를 내려고 한다. 마약에 중독된 사람들처럼 최대한 빨리 희열을 느끼고 싶어 한다. 반대로 자기가 원하는 감정을 얻지 못하면 재빨리 하던 일을 중단하고 포기해 버린다.

전두엽이 건강할수록 과거의 기억은 고개를 들지 못한다. 감정에 중독된 무의식이 "뭘 망설여! 전에도 느껴 봤잖아. 빨리 행동해!" 하는 순간 전두엽은 이렇게 말한다. "잠깐, 한 번 더 생각해 봐."

무의식을 의식으로 바꿔야 하는 이유

감정은 삶에서 아주 중요하다. 슬플 때 울고, 기쁠 때 웃는 것이 정상 반응이다. 일이 잘 풀리지 않거나 선택의 갈림길에 서 있을 때 우리는 느낌을 중요하게 여긴다. 그 느낌이 들어맞을 때 희열을 만끽한다. 제때에 발휘되는 감정은 삶을 윤택하게 해 준다. 하지만 그 것은 어디까지나 전두엽이 건강하게 활동하는 동안에 그렇다. 좋지 않은 생활습관을 반복하고 그 반복이 무의식중에 되풀이되면 습관으로 굳어진다. 그러면 전두엽은 할 일이 없어져 그 자리에 무의식 반응만 남게 된다. 의식이 무의식으로 바뀐다.

앞에서 이야기한 '소나타'라는 단어를 다시 한번 떠올려 보자. 어떤 이미지가 떠오르는가? 아마도 가장 먼저 모 회사의 특정 자동차 브랜드가 떠오를 것이다. 이때 당신에게 '음악 장르에서 기악곡의 한 형식'이라고 말해 주면 당신은 곧바로 음악과 관련된 소나타를 떠올리게 될 것이다. 이처럼 우리의 뇌는 얼마든지 기존의 연결을 끊고 새로운 연결을 만들어낼 수 있다. 당신의 뇌는 방금 자동차 브랜드와 연결되었던 회로를 끊고 음악의 한 형식이라는 새로운 회로를 찾아 연결했다. 이처럼 의식은 전두엽을 통해 우리의 관심을 얼마든지 다른 곳으로 돌리도록 해 준다.

조급한 성격을 보인다고 해서 뇌에 문제가 생겼다는 말이 아니다. 나 역시 누구보다 성격이 급한 사람이었다. 나의 조급증이 뇌 손상 때문이라면 나는 지금 이 책을 쓸 시간에 병원에 가 있을 것이다. 그렇다고 조급증을 대수롭지 않게 생각해서는 안 된다. 뇌가 건강하다는 뜻이 아니기 때문이다. 그러므로 전두엽을 건강하게 만들기 위해 노력하는 일은 아주 중요하다.

성격의 절반은 유전된 것이다. 우리는 조상에게서 좋은 것만 물려받지 않았다. 그들이 한 수많은 시행착오 역시 유전자에 새겨져 우리에게 전해졌다. 누군가 잘못된 습관을 깨우치고 변하기 시작했다면, 그 변화를 반복하고 반복해서 극복했다면 변한 습관 역시 유전자에 새겨진다. 그 유전자는 후손에게 대물림된다. 당신이 그 변화와 극복의 주인공이 된다면 얼마나 멋질지 상상해 보라.

오래 하는 힘

성격이 급한 사람의 공통점은 생각보다 행동이 앞선다는 것이다. 그것은 과거의 감정과 경험의 무의식이 의식에 앞서 발현하기 때문이다. 전두엽은 의식의 안식처이므로 무의식이 끼어들기 전에 한 번 더 생각할 시간을 줘서 시기를 조절하게 한다.

15

아니야, 할 수 있어
– 전두엽의 기능 ⑥ 부정적 사고 바꾸기

전두엽에 문제가 있는 사람에게 나타나는 특징 중 하나는 성격 변화이다. 전두엽 연구의 포문을 열어 준 피니어스 게이지는 온화하고 사려 깊은 사람이었다. 하지만 사고를 당한 후 그는 사소한 일에 흥분하고 과격해졌다. 결국 직업을 잃어 쓸쓸한 말년을 보내야 했다. 게이지뿐 아니라 전두엽에 문제가 생긴 사람은 사소한 일에 흥분하고 화를 억누르지 못한다.

감정의 중추인 변연계가 과도하게 활성화하면 어떤 사건을 대할 때 긍정적으로 반응하기보다 부정적으로 반응할 확률이 높아진다. 흔히 '불가능해.' '못 하겠어.' '나 때문이야.' '내가 그렇지 뭐.' '불운은 나를 피해 가지 않는군.' '안 좋은 건 꼭 나만 걸려.' 같이 부정적 사고에 사로잡힌다. 하지만 부정적 사고의 실체는 없다. 존재하지도 않는 불운이 작용하여 좋지 않은 결과를 만들어낼 수는 없다. 실

오래 하는 힘

체 없는 상상으로 자신의 성장을 가로막아서는 안 된다.

부정적 사고를 끝내야 하는 이유

부정적 사고는 불안이나 걱정을 유발하는 원인과 연결되어 있다. 실현할 가망이 희박한 일 때문에 미리 하는 걱정이 실존하는 근심 거리보다 더 강력하다는 사실을 앞에서 알아보았다. 부정적 사고의 가장 큰 문제는 한 번으로 끝나지 않고 되풀이된다는 데 있다. 부정적 사고는 또 다른 부정적 사고를 낳는 악순환을 거듭하면서 부정적 결과를 초래한다.

'겨울이 되면 감기에 잘 걸려.'라고 생각하는 사람과 '겨울이 되면 감기에 잘 걸린다는 생각은 선입견일 뿐이야. 세균 역시 겨울에 활동성이 떨어지므로 관리만 잘하면 아무 문제없어.'라고 생각하는 사람 중 누가 감기에 쉽게 걸릴까? 겨울이 되면 감기에 잘 걸린다고 생각하는 사람일 것이다. 부모 중 한 분이 알츠하이머병에 걸렸다고 생각해 보자. '아버지가 알츠하이머병으로 돌아가셨으니 나도 언젠가 알츠하이머병에 걸리겠지.'라고 생각하는 사람과 '알츠하이머병은 유전 요인이 아주 적은 병이니까 생활습관만 잘 유지하면 얼마든지 건강한 노후를 보낼 수 있을 거야.'[20]라고 생각하는 사람 중 누가 알츠하이머병에 걸릴 확률이 높을지는 쉽게 판단할 수 있을 것이다.

부정적 사고가 반복되면 뇌는 모든 회로를 부정적으로 조직화한다. 부정의 신경망을 만들어내는 것이다. 마침내 부정적 회로는 단단한 신경망을 형성해 무의식이 된다. 이 무의식이 틈만 나면 의식에 앞서 표출될 것이다.

부정적 사고는 건강을 해친다. 기분 나쁜 생각이 들면 몸은 자동으로 반응하여 자율신경계 중 교감신경계를 작동시킨다. 그 결과 신경전달물질인 아드레날린과 코르티솔을 분비한다. 호흡이 빨라지고 맥박이 급하게 뛴다. 혈압이 상승하고 손에 땀이 난다. 이러한 변화는 뇌에 나쁜 영향을 끼친다. 부정적 사고가 지속되면 뇌는 제대로 작동하지 못한다.

따라서 전두엽을 건강하게 만들어야 한다. 부정적 사고를 유발하는 변연계는 건강한 전두엽을 통해 얼마든지 조절될 수 있다. 앞에서 설명한 것처럼 어디에 주의를 기울이느냐에 따라 고정된 이미지를 바꿀 수 있다. 따라서 부정적 사고가 떠오를 때마다 전두엽을 활용하여 즉시 긍정적 사고로 바꿔 보자. '난 못해.' 하면서 무의식이 먼저 뛰어든다면 전두엽은 그 즉시 '아니야, 할 수 있어!'라고 되받아칠 수 있다.

긍정적이고 즐거운 일을 상상하는 순간 뇌 역시 즉각 반응한다. 교감신경계는 힘을 잃고 부교감신경계가 작용하여 몸을 편하게 만든다. 몸이 서서히 이완되면서 땀이 줄어들고 맥박은 정상을 되찾는다. 호흡이 차분해지고 혈액의 흐름도 원활해진다. 뇌는 점점 더 안정을 찾는다.

나도 부정적 사고에 갇혀 시간을 보낸 적이 있다. 직장을 자주 옮겨 다닌 것을 자랑인 듯 떠들고 다니던 옛 모습이 떠오를 때면 쥐구

멍에라도 숨고 싶어진다. 건강한 비판은 건강한 사회를 만든다. 그러나 쓸데없는 고집이나 선입견, 불필요한 피해 의식은 결코 도움이 되지 않는다. 부정적 사고가 더해지면 자신을 노리던 부정적 사고의 화살이 남에게 향한다. 모든 것을 남 탓으로 돌려 내 잘못된 습관을 인식하지 못하는 지경에 이른다. 오래 하는 습관을 기르는 데 걸림돌이 되며 나아가 자신의 삶을 어둡게 만든다. 전두엽을 소홀히 대할 때 발생하는 모든 문제가 심각한 결과를 가져올 수 있지만, 특히 부정적 사고에 따른 결과야말로 왜 건강한 전두엽을 만들어야 하는지 여실히 보여 주는 증거라고 할 수 있다.

전두엽에 문제가 생기면 부정적 사고가 두드러지게 나타난다. 감정의 중추인 변연계를 통제해야 할 전두엽이 제 기능을 다 하지 못하기 때문이다. 부정적 사고는 오래 하는 습관을 만드는 데 가장 큰 걸림돌이자, 삶의 질을 떨어뜨리는 주범이다. 부정적 사고는 스트레스가 되어 몸을 병들게 한다. 때에 따라 적당한 긴장이 집중력을 높여 주지만, 그것은 어디까지나 건강한 전두엽이 변연계를 적절하게 통제할 때 일이다.

16

맛있는 요리를 만들기 전에 할 일은?
– 전두엽의 기능 ⑦ 계획 수립

지금까지 살펴본 전두엽의 기능은 전두엽의 통제력 상실과 관련되어 있다. 전두엽의 활동이 둔해져 통제력을 잃으면 충동을 조절하지 못하고, 뭔가에 집중하려는 순간 산만해져 몰두하지 못한다. 쓸데없는 걱정과 부정적 사고가 활개를 치고, 성급한 행동으로 일을 그르친다. 하지만 전두엽의 기능이 통제만은 아니다. 지금부터 제시할 내용은 전두엽 본연의 기능이다.

요리할 때 모습을 상상해 보자. 먼저 어떤 재료가 필요한지 떠올린다. 마트에 가서 재료를 구입한다. 재료가 준비되면 무엇부터 손질할지 판단한다. 손질해 두어야 할 재료와 나중에 쓸 재료를 잘 파악해야 요리 순서가 뒤죽박죽되지 않는다. 어떤 것은 작게 썰고 어떤 것은 통째로 썰지 결정하고, 불의 세기는 어느 정도가 적당한지, 물의 양은 얼마가 되어야 하는지, 각 재료의 적정한 배합은 무엇인지 머릿속에 정리해 두어야 한다. 그래야만 제대로 된 음식을 만들 수 있다. 친구 집에 가기 위해서 어떤 길로 갈지 출발하기 전에 머릿속으로 그려보는 것도 이와 같다.

전두엽은 뭔가를 계획할 때 반드시 거쳐야 하는 핵심 기관이다. 재미있는 사실은 요리나 길 찾기 같은 계획된 사고가 처음에는 의식에서 출발하지만 점점 무의식으로 변한다는 점이다. 그 이유는 뇌를 구성하는 뉴런의 특성으로 설명된다.

전두엽은 새로운 일을 배울 때 활발히 활동한다. 뉴런이 서로 연결되고 강화되어 엄청난 수의 신경망을 만들어낸다. 하지만 전두엽은 반복되는 일에 많은 에너지를 소모하지 않는다. 어느 정도 익숙해지면 전두엽에 모여 있던 신경 조직이 하나둘 다른 일에 전념하기 시작한다.[21] 전두엽은 자신의 역할을 하위 영역에 넘겨준다. 회사에서 상급자가 하급자에게 일을 배분하는 과정이 뇌에서 일어난다. 그러면 새로운 것을 배울 때 연결된 뉴런이 관여하는 수는 줄어든다. 소수의 뉴런만 남고 나머지 연결은 약해진다. 나머지 뉴런은 다른 것을 포착할 때 다시 모여들 것이다.

해마, 소뇌 등 하위 영역은 전두엽이 처리한 것을 장기 기억으로 저장한다. 같은 행동을 반복하면 장기 기억은 더 단단해진다. 그래서 어느 정도 익숙해진 후에는 요리할 때나 친구 집에 놀러 갈 때 예전처럼 종이에 적거나 미리 머릿속으로 그려보지 않아도 실수 없이 행동하게 된다.

하루의 대부분을 의식하지 않은 채 행동하는 이유는 반복 행동으로 의식이 장기 기억으로 전환되어 무의식으로 변했기 때문이다. 따라서 무의식 행동이 반복을 거쳐 습관이 된다는 사실을 기억해둘 필요가 있다. 전두엽을 활성화하기 위해서는 날마다 새로운 것을 찾고 새로운 방식으로 행동하는 것이 무엇보다 중요하다.

아침에 눈을 뜨자마자 습관처럼 휴대전화를 들여다본다면 이제 부터는 가볍게 묵상을 해 보자. TV를 한 시간 정도 시청하고 자는 버릇이 있다면 이제부터 TV를 보지 말고 책을 읽어 보자. 그러한 변화를 전두엽은 매우 기뻐할 것이다.

TV 시청이 좋지 않은 이유는 여러 가지가 있지만, 가장 중요한 점은 전두엽의 기능을 마비시킨다는 것이다. 영화 볼 때 뇌를 촬영해 보면 사고와 인지 기능을 담당하는 전두엽 기능의 활성도는 떨어지는 반면, 편도체를 포함한 변연계의 활동성이 높아지는 것을 볼 수 있다. 전두엽 기능을 활성화하기 위해서는 TV를 최대한 적게 보는 것이 바람직하다.[22]

목표를 세워야 하는 이유

오래 하는 힘을 키우기 위해서는 목표를 세우는 일이 중요하다. 그리고 목표는 세분할수록 좋다. 장기 목표는 여러 단기 목표가 모여 달성된다. 처음부터 장기 목표를 무리하게 세우면 달성 확률이 떨어질 수밖에 없다.

앞에서 새로운 것을 배우고 계획을 세우는 것은 전두엽을 건강하게 만드는 데 꼭 필요한 활동이라고 했다. 그러면 두 마리 토끼를 잡기 위해 어떤 활동을 하면 좋을까? 바로 외국어 학습이다. 직장인이라면 자신의 가치를 높이기 위해 외국어를 배우는 것이 좋다. 새로움이 가득 찬 외국어는 전두엽의 활동성을 높여 준다. 외국어를 배울 때 계획을 세우는 것 역시 중요하다. 하루에 몇 단어를 익힐지, 문법 공부를 어떻게 시작할지 등을 정하는 일은 전두엽의 활동성을 높이기에 좋은 방법이다. 건강한 전두엽을 만들고 싶다면 외국어 배우기가 좋은 방법이 될 수 있다.

앞서 의욕이 떨어진 사람들을 살펴보았다. 그들은 목표 의식이 없어서 뭔가에 열중하지 못한다. 동기를 상실해서 앞으로 나아가지 못한다. 단기 목표를 세우고 그것을 이루어냈을 때 얻는 짜릿함은 새로운 동기를 유발한다. 동기만 있다면 다음 목표를 향해 나아갈 수 있다.

계획된 행동의 중요성

목표를 갖고 목표에 도달하기까지 치밀한 계획을 수립하도록 도와주는 것이 전두엽 본연의 기능이다. 자신이 평소 얼마만큼 전두엽을 활용하면서 사는지 생각해 보면 좋겠다.

시험을 앞둔 학생은 두 부류로 나뉜다. 시험 날짜를 받는 순간 계획을 세우고 계획대로 착실히 공부하는 부류와 시험 막판 하루 이틀 벼락치기로 승부하는 부류다. 첫 번째 부류는 전두엽을 잘 활용하는 경우이고, 두 번째 부류는 아쉽지만 그렇지 못한 경우이다. 시험 결과가 어떻든 계획을 세워 공부한 학생은 학습 내용을 오래 기억할 것이다. 하지만 벼락치기로 공부한 학생의 경우 학습 내용은 전두엽에 잠시 머물다 금방 사라진다. 오래 저장되지 않기 때문에 벼락치기로 공부한 학생은 시험을 칠 때마다 다시 공부해야 한다.

계획된 행동은 충동 억제에 기여하며, 조급한 마음을 진정시키는 등 불합리한 행동을 보완한다. 또 실수를 줄여 일의 능률을 높인다. 능률 향상은 무슨 일이든 오래 하도록 하는 원동력이다. 전두엽은 감정을 앞세워 무의식으로 행동하는 습관을 의식으로 바꿔 준다. 우리는 의식의 총체인 거대한 전두엽을 물려받았다. 그런데 대부분의 사람은 이 특별한 선물을 제대로 활용하지 못한 채 살아간다. 전두엽이라는 위대한 유산을 잘 활용할 때 오래 할 수 있고, 성공에 한 걸음 더 가까이 다가갈 수 있다.

전두엽의 기능 중 계획 수립이야말로 우리가 전두엽에서 얻을 수 있는 가장 큰 선물이다. 되는대로 살아가는 사람은 진화가 준 선물을 쓸모없이 버려두는 것과 같다. 따라서 무슨 일을 하던 계획을 먼저 세우고 나서 행동하는 습관을 들여야 한다. 계획된 행동은 오래 하는 힘을 키우는 발판이 된다.

오래 하는 힘

열정과 끈기로 성공을 이룬 사람들 2

어릴 적 꿈을 현실로 만든 자동차왕 헨리 포드

헨리 포드는 어린 시절 아버지와 마차를 타고 가다가 난생처음 자동차를 보았다. 그는 자동차를 보자마자 마차에서 뛰어내려 전속력으로 달려갔다. 그리고 호기심 어린 눈으로 자동차를 하나하나 뜯어보았다. 이 장면은 포드와 자동차의 역사적인 첫 만남이었다. 그 만남 이후, 포드는 말의 힘을 빌리지 않고도 먼 거리를 이동할 수 있다는 사실을 깨닫고, 일생을 자동차 만드는 일에 바치게 된다.

포드는 학업이나 농장 일에 소질이 있는 아이가 아니었다. 아버지는 그가 자신의 농장 일을 이어받기 원했지만 포드의 생각은 달랐다. 그는 학업이나 농장 일보다 기계에 관심이 더 많았다. 결국 포드는 디트로이트에 있는 기계 공장에 취직하고 여기서 증기기관에 대해 배우게 되었다. 그 후 아버지의 부고 소식을 듣고 포드는 다시 고향으로 돌아가 농장 일을 이어받지만 고장 난 마을 농기계들을 수리해 주는 일을 즐길 정도로 기계에 대한 애착이 식을 줄 몰랐다.

이윽고 때가 되었다고 생각한 포드는 자동차에 대한 자신의 열정을 더는 숨기지 않았다. 결국 자신의 집 뒤 창고에 자동차 엔진을 제작하기 위한 작업장을 만들었다. 1896년 마침내 헨리 포드는 최초의 포드 자동차를 세상에 내놓는다. 하지만 사람들은 그가 만든 포드 1호 자동차를 냉담한 시선으로 대했다. 그래도 포드는 상심하지 않았다. 그는 절치부심 끝에 드디어 양산형 모델 포드T를 생산

하여 현대적 자동차의 신호탄을 쏘아 올렸다.

그가 이룩한 업적은 그뿐만이 아니었다. 그는 대량생산 시스템이라 불리는 제작 시스템을 개발하여 자동차 생산 설비에 투입했다. 포드가 생각한 이 방식은 산업혁명기와 맞물려 세계 경제를 이끄는 원동력이 되었다. 어릴 때 보았던 자동차와 기계에 대한 꿈을 단 한 번도 포기하지 않고 끝까지 밀고 나간 포드는 미국에서 가장 현금이 많은 사람이 되었다. 자신의 꿈을 이룬 것을 넘어 자동차 상용화로 인류 발전에 크게 공헌했다.

포드는 자서전에서 이런 말을 남겼다. "사람들은 남이 거둔 성공을 보며 그것이 쉽게 얻은 것이라고 생각한다. 하지만 사실과는 대단히 거리가 멀다. 쉬운 것은 실패. 성공은 언제나 어렵다. 성공하려면 자기가 가진 전부를 쏟아 붓지 않으면 안 된다."

집념의 사나이 에디슨

"천재는 1%의 영감과 99%의 노력으로 만들어진다."라는 유명한 말을 남긴 에디슨은 그 말대로 지독한 노력파였다. 에디슨은 어릴 때 선생님도 포기할 만큼 학업 성적이 좋지 못했다. 심지어 아버지조차 그를 '바보'라고 불렀을 정도로 지진아 취급을 받았다. 하지만 어머니가 보여 준 자식에 대한 믿음과 타고난 호기심, 그리고 그 호기심이 해결될 때까지 파고드는 집념 덕분에 인류 역사상 가장 위대한 발명가로 남게 되었다.

에디슨의 초기 발명품 중 하나는 사람의 목소리를 녹음할 수 있는 축음기였다. 축음기는 수천, 수만 번 실패와 시도 끝에 완성될 수 있었다. 그가 처음 축음기로 녹음한 것은 '메리에겐 작은 양이 있다'는 노래였다. 그 후 그때까지만 해도 5초 이상 불을 밝힌 적이 없는 백열전구 연구에 뛰어들었다. 에디슨은 오랫동안 쓸 수 있는 필라멘트를 개발하기 위해 6천 종이 넘는 식물을 조사했으며, 미국을 넘어 세계 각지에 연구원들을 파견했다. 그가 백열전구를 상용화하기 위해 시도한 실험을 기록한 노트는 무려 3,400권이나 되었다. 결국 이러한 에디슨의 노력으로 우리는 전등을 켜고 밤에도 낮처럼 생활할 수 있게 되었다.

에디슨은 예순이 되었을 무렵, 가볍고 오래 가는 축전지를 만들기 위해 그 어떤 발명품보다 힘든 도전에 직면하게 된다. 그때 에디슨은 청력까지 잃게 되지만, 절대 물러서지 않았다. 장장 10년 동안 5만 번 실험하여 드디어 새로운 축전지를 만들어내는 데 성공했다. 자동차에 들어가는 배터리의 초기 모델이 완성된 것이었다. 포드사가 만든 포드 모델T는 바로 에디슨이 발명한 전지를 사용했다. 에디슨의 포기할 줄 모르는 노력이 없었다면 인류의 발전은 조금 더 늦춰졌을지도 모른다.

근대 성공철학의 아버지로 불리며 성공에 관해 여러 책을 집필한 나폴레온 힐은 그의 저서에서 이렇게 말했다. "나는 에디슨과 포드를 개인적으로 가까이에서 오랫동안 지켜볼 기회가 있었다. 내가 관찰한 결과 두 사람이 엄청난 성공을 거둔 주요 요인은 인내 외에는 어떤 것도 찾아볼 수 없었다. 만약 당신이 성공을 연구한다면 인내, 집중적인 노력, 명확한 목적이 성공의 주요 원인이라는 결론에 반드시 도달할 것이다."

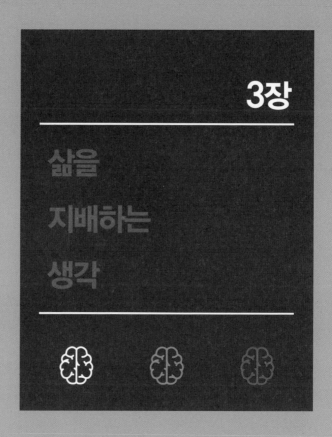

3장

삶을
지배하는
생각

대부분의 사람은 과거에 갇혀 산다. 그것이 안전하다고 생각하기 때문이다. 그러나 과거에 갇힌 삶은 어떠한 변화도 일으킬 수 없다. 과거의 삶에서 탈피하기 위해서는 변화를 두려워하지 않고 도전해야 한다. 그 중심에 전두엽이 있다. 어떤 생각(전두엽)을 하느냐에 따라 삶은 얼마든지 바뀔 수 있다. 원하는 삶을 전두엽을 활용하여 어떻게 그려갈지 그 방법을 찾아 떠나 보자.

17

과거는 과거일 뿐
─상자 안에 갇힌 삶

오래 하는 힘을 기르기 위해 해야 할 일은 무의식중에 해 온 잘못된 습관을 끊고 새로운 습관을 뇌에 심는 것이다. 앞에서 우리는 뇌에서 상호 작용하는 뉴런으로 수많은 신경회로를 만들 수 있다는 것을 배웠다. 그러나 새로운 신경회로를 만드는 일은 생각보다 쉽지 않다.

사람들은 같은 생각을 반복하여 과거의 '나'를 현재의 '나'로 착각한다. 현재의 나는 과거의 나와 얼마든지 다를 수 있는데도 그 가능성을 의식하지 못한 채 과거의 행동만 무의식중에 되풀이하며 살아간다.

잘못된 성격이나 습관은 변화를 거부한 당신이 무의식중에 만들어 놓은 것이다. 사람들은 변화를 쉽게 받아들이지 못한다. 친숙한 것에 익숙해져 있어 과거의 상자 안에 갇혀 지내는 것을 선호한다.

오래 하는 힘

그래서 물려받은 유전자에 의해 형성된 오래되고 낡은 신경회로만 사용하며 살아간다. 물려받은 오래된 신경회로는 세대를 거듭하면서 습관이라는 이름으로 단단하게 연결된다. 오래된 습관은 좀처럼 의식적 접근을 허용하지 않으며, 우리가 알지 못하는 사이에 자연스럽게 표출된다.

사람들은 너무나 자연스럽게 해야 할 일을 미루고, 너무나도 쉽게 핑곗거리를 찾는다. 부지런함보다 게으름에 익숙하고, 목표를 정하고 계획된 생활을 하기보다 그때그때 편한 것을 찾아 행동하기를 좋아한다. 심사숙고하기보다 충동적 감정에 이끌린다. 절약보다 소비를, 대화보다 투쟁을, 도전보다 회피를 선호한다. 이렇게 오래된 습관은 아주 자연스럽게 자신을 지배하여 변화란 불편하고 귀찮기만 하다. 오히려 오래된 습성에 젖어 사는 삶이 편하다. 변화가 필요한 이유를 깨닫지 못하게 된 것이다.

우리는 뉴런이 어떻게 신경망을 만들어내는지 잘 알고 있다. 거듭된 행동은 견고한 신경망을 구축한다. 단단하게 굳은 신경망 속에서 계속 살아가게 되면 변화는 더 어려워질 수밖에 없다.

자신을 규정하는 이러한 무의식적 연결을 해체하고 새로운 연결을 만들어내야 한다. 뇌가 유연하다는 사실은 무척 다행스러운 일이다. 전두엽을 활용하면 단단한 연결을 끊고 새로운 연결을 만들어낼 수 있다. 더 부지런하고, 더 자제력 있고, 더 계획성 있고, 더 집중하고, 더 활발한 신경망을 만들어낼 수 있다. 이렇게 재조직한 습관을 의식하지 않고도 자연스럽게 표출하도록 해야 한다.

전두엽을 활용하면 과거의 습관에서 벗어나 언제든 새롭게 살 수 있다. 당장 TV를 끄고 책을 읽자. 늘 가던 길만 가지 말고 새로운 길로 다녀 보자. 자기 의견을 적극적으로 말해 보자. 노트를 준비하여 오늘 한 일과 내일 할 일을 적어 보자. 10분이라도 사색하도록 하자. 어떻게 살 것인지, 어떤 사람이 되고 싶은지 생각하고 그 생각을 노트나 메모지에 기록해 두자. 이런 활동은 돈도 들지 않고 시간을 많이 쓰지 않아도 된다. 이는 더 나은 사람으로 변화하기 위한 가장 확실한 방법이다.

18

라면에서 화장품 냄새가 나는 이유
- 과거로의 회귀

사람들은 저마다 가진 경험을 바탕으로 뭔가를 인식한다. 예를 들어 같은 반 친구 영희는 하나의 인격체지만, 철수가 생각하는 영희와 민수가 생각하는 영희, 한나가 생각하는 영희는 각각 다르다. 철수, 민수, 한나는 각자 경험한 과거의 기억으로 영희를 바라보기 때문에 각자가 인식하는 영희에 대한 느낌이 다를 수밖에 없다.

얼마 전 한 TV 예능프로그램을 시청했는데, 출연자들이 각자 하고 싶은 일을 다른 멤버들과 함께 경험하는 프로그램이었다. A 출연자는 자연 속에서 멤버들과 하루 지내는 것을 소원으로 제시했다. 그는 점심으로 라면을 먹자고 하면서 산초를 포함한 각종 약재를 라면에 넣었다. 멤버들은 불안한 표정으로 라면을 먹기 시작했다. 재밌는 것은 같은 재료로 만든 음식을 먹었는데 느끼는 맛이 제각각 달랐다는 것이다. B 출연자는 어렸을 때 어머니가 로션 바른

손으로 음식을 건네준 기억을 떠올리며 화장품 냄새가 난다고 했다. 유명한 샴푸 광고를 찍은 경험이 있는 C 출연자는 라면에서 샴푸 맛이 난다고 했다. 마지막으로 D 출연자는 축구선수 시절 사용한 스프레이 파스를 떠올리며 파스 냄새가 난다고 했다. 이는 동일한 대상을 각자 어떻게 해석하는지 알게 한다. 즉 사람은 자신이 겪은 경험으로 형성된 과거의 신경망에 의해 외부 자극을 인식하고 해석한다.

누군가와 빨리 친해지고 싶다면 공통점을 찾는 것보다 더 좋은 방법은 없다. 인간은 같은 경험을 공유한 사람에게 더 끌리는 경향이 있다. 같은 학교를 나오거나 고향이 같거나 심지어 나이가 같아도 친밀감을 느낀다. 사람은 과거의 경험을 되풀이할 때 안정감을 느끼기 때문이다.

반대로 사람은 낯선 것에 대해 두려움을 느낀다. 뇌는 과거에 경험한 것을 가지고 판단한다. 따라서 기억에 존재하지 않은 일은 그것이 무엇이든 경험으로 생성된 신경망이 없어서 두렵다고 느낀다. 자신이 예측하고 통제하지 못하는 상황이 오면 본능적으로 움츠러든다. 소극적으로 변하면서 상황을 빨리 모면하고 싶어 한다. 교감신경계가 작동하기 때문인데, 교감신경계는 생존 반응 상태가 되면 굳이 의식하지 않더라도 자동으로 반응한다.

처음 청중 앞에서 연설하는 장면을 상상해 보라. 손에 땀이 나고 갑자기 배가 아프며 너무 긴장한 나머지 손까지 떨린다. 빨리 그 시간이 지나가기를 간절히 바란다. 교감신경계는 전두엽을 위축시킨다. 학습하고 추론하고 계획하며 집중하고 상상하며 기억하는 데 쓰여야 할 에너지가 오직 외부 자극에 본능적으로 반응하는 일에 쓰이기 때문이다. 우리는 과거의 경험에 둘러싸여 있으며, 경험하지 못한 일을 겪을 때 불편함을 느낀다. 따라서 계속 과거로 돌아가려는 행동을 보인다.

강렬한 자극이 동반된 기억은 장기 기억 속에 저장될 확률이 높다. 따라서 사람들은 대체로 과거의 강렬한 기억을 바탕으로 현재를 판단하고 미래를 예측한다. 우리는 자신도 모르게 익숙한 환경에 안주하려는 경향이 있다. 이렇게 안전한 것을 선호하는 본능은 생존 활동에 모든 것을 집중할 수밖에 없었던 먼 옛날 인류의 조상들이 유전자에 새겨 넣은 것이다.

아직도 우리는 전두엽을 활용하기보다 인류의 조상들이 그랬던 것처럼 살아가려는 유혹에 쉽게 빠진다. 더 이상 낯선 것을 두려워할 필요가 없다. 새로움에 도전하고 변화를 추구하는 삶은 전두엽을 건강하게 만든다. 당장 오늘부터 새로운 일에 도전해야 한다. 외국어 학원에 등록하고, 어제와 다른 새로운 길을 걷고, 주말에도 일찍 일어나 가까운 약수터나 공원을 한 바퀴 돌아 보자. 성공 습관은 이처럼 자그마한 변화에서 시작된다.

19

이별은 너무 힘들어
– 화학물질에 중독된 삶

전두엽은 현재의 일을 바탕으로 미래의 결과를 예측한다. 예를 들면 카드 대금 독촉장을 받아든 순간 손에는 땀이 나고 가슴이 두근거리며 몸이 떨리기 시작한다. 왜 그럴까? 카드 대금을 갚지 못할 때 벌어질 일을 직·간접 경험으로 미리 알고 있기 때문이다. 즉 미래에 벌어질 일을 예측할 수 있기 때문이다. 따라서 독촉장을 보는 것만으로도 불안해지는 것이다.

우리는 거대한 전두엽을 가지고 있다. 다른 동물에 비해 커다란 전두엽 덕분에 인간은 더 민감하고 예민해졌다. 인간의 전두엽보다 작은 전두엽을 가진 동물은 미래를 예측하지 못한다. 따라서 불필요한 걱정을 하지 않는다. 인간만이 미래의 불안을 현재의 걱정으로 만든다. 전두엽은 현실과 상상을 구분하지 않는다. 바로 이 점이 생각만으로 고통을 느끼는 이유다.

과거에 어떤 일로 창피당한 경험이 있고 그 경험이 여러 번 반복되면 뇌는 창피함이라고 하는 신경망을 만든다. 기억은 신경전달물질이라고 불리는 감정의 화학물질을 동반하는데, 창피함이 이 화학물질의 산물이다. 반복된 수치심으로 인해 창피함의 화학물질을 수용하는 뇌의 수용체 역시 크고 넓게 발달한다. 따라서 부정적으로 예견할 때마다 창피함이라고 하는 감정이 도드라지게 나타난다. 창피함을 느낄 필요가 없는 상황에서도 과도한 수치심을 느끼며 상대에게 자신의 감정을 더욱 격렬하게 표현하게 된다. 가끔 별 것도 아닌 일에 불같이 화를 내는 경우가 있는데 바로 이러한 이유 때문이다.

많은 양의 화학물질을 한꺼번에 수용하기 위해 수용체를 늘리게 되면 민감화 현상이 일어난다. 작은 자극에도 즉각 반응하게 되는 것이다. 이 단계를 지나 더 많은 화학물질이 폭포수처럼 쏟아지면 수용체는 한계에 다다르고 더 수용하지 못하게 되면서 문을 닫아버린다. 결국 둔감해지는 것이다. 이처럼 수용체가 지나치게 자극을 받아 둔감해지면 같은 기분을 내기 위해 전보다 많은 화학물질을 쏟아 부어야 한다. 이때부터는 느낌(몸)이 마음을 통제하게 된다.

사람은 누구나 과거의 경험에서 자유롭지 못하다. 격앙된 감정을 경험하면 그 경험에서 빠져나오기가 더욱 어려워진다. 외부 자극에서 경험을 획득할 때마다 뇌에서는 특정 화학물질을 분비하기 때문에 경험은 감정이라고 하는 느낌을 동반한다.

과거를 되풀이할수록 같은 화학물질에 중독되기 쉬워진다. 많

은 연인이 이별을 괴로워하는 이유는 사랑이라고 하는 화학물질
(감정)에 중독되기 때문이다. 중독은 쉽게 끊어내기 힘들다. 변화
가 어려운 이유는 감정으로 중독된 과거와 결별하겠다고 선언하
는 것이기 때문이다.

20

돈키호테와 빠삐용
– 의식적으로 깨어 있어라

세르반테스의 유명한 작품 《돈키호테》는 두 인물의 극명한 대비를 보여 준다. 두 인물은 허황된 이상향을 찾아 유랑하는 돈키호테와 그의 종자 산초 판사다. 돈키호테가 이상과 낭만을 추구하는 이상주의자라면 산초 판사는 완벽한 현실주의자라 할 수 있다.

돈키호테와 산초 중 누가 정상일까? 이 질문은 너무 쉬워서 고민할 필요조차 없다. 사람들은 대체로 돈키호테를 정신병자로, 산초를 정상인이라고 여긴다. 돈키호테는 풍차를 악마로 착각해 돌진하는가 하면, 일면식도 없는 사람을 공격하기도 한다. 놋으로 만든 대야를 투구 대신 머리에 쓰는가 하면, 양치기를 적장으로 오인해 공격하기도 한다. 이처럼 기이한 행동을 하는 돈키호테를 어떻게 정상이라고 생각할 수 있을까?

반면에 산초는 끼니를 걱정하고 위험을 피해 도망치며 안전한 집으로 돌아가기를 갈망한다. 현실주의자의 전형인 셈이다. 누가 봐도 둘 가운데 산초가 정상인이다. 하지만 돈키호테는 나이가 많은데도 자신이 생각한 이상을 실현하기 위해 길을 떠난다. 평범한 사람이라면 상상조차 하지 못할 행동을 서슴없이 감행하여 새로운 변화를 꾀한다. 반면에 산초는 계속 과거의 자신으로 돌아가려고 한다. 틈만 나면 돈키호테를 현실 세계로 데려오려고 노력한다. 산초는 변화보다 무사 안일한 삶에 머물려는 모습을 보인다. 이와 같은 사실로 미루어볼 때 비록 산초가 정상인으로 보이긴 하지만 우리는 돈키호테의 삶에 주목할 필요가 있다.

이쯤에서 두 번째 질문을 해 보자. 둘 중 누가 더 건강한 뇌를 가진 사람일까? 첫 번째 질문(돈키호테와 산초 중 누가 정상일까?)에 대한 답은 어린아이도 쉽게 할 수 있지만, 이 두 번째 질문에 대한 답은 쉽게 할 수 없다. 우리는 전두엽에 대해 배웠으므로 이제 과감하게 두 번째 질문에 대한 답은 돈키호테라고 말할 수 있어야 한다. 돈키호테가 저지른 일의 옳고 그름을 떠나 변화를 원한다면, 다시 말해 뉴런 연결로 성공하는 삶을 영위하고 싶다면 새로운 도전을 해야 한다. 산초처럼 변화를 두려워하거나 과거의 향수에 젖으면 변화는 멀어지고 만다.

영화 〈빠삐용〉(1973년)에서 스티브 맥퀸이 연기한 빠삐용은 끊임없이 탈옥을 감행한다. 반면에 더스틴 호프만이 연기한 드가는 두려움에 갇혀 탈옥을 포기한다. 영화의 마지막 클라이맥스 장면을 떠올려 보자. 삐삐용과 드가는 바다 한가운데 떠 있는 섬에 유배

된다. 그런데도 빠삐용은 탈출하기 위해 끊임없이 연구한다. 인내심을 가지고 썰물과 밀물 때를 유심히 관찰한 다음 때가 되자 과감하게 바다로 뛰어든다. 드가는 자유의 몸이 되어 떠나는 빠삐용을 바라만 본다. 드가는 변화보다 현실에 안주하는 삶을 택한 것이다.

변화란 새로운 것을 받아들이려는 마음가짐에서 출발한다. 산초나 드가처럼 새로운 것을 두려워하면 변화란 있을 수 없다. 당신과 나 역시 마찬가지다. 우리는 언제나 현실에 안주하며 살아간다. 감정의 화학물질은 우리를 중독에 빠뜨려 매 순간 발목을 낚아채 다시 과거로 돌려보낸다. 사람들은 어제 입은 옷과 비슷한 스타일의 옷을 입고, 매일 같은 길을 가며, 매일 같은 사람을 만날 때 편안함을 느낀다. 마약에 중독된 사람이 마약으로 편안함을 느끼는 것과 다를 바 없이 그렇게 살아간다.

이렇게 감정 중독에 빠져 살 때 전두엽은 아무런 역할을 하지 못한다. 무의식에 따라 반복된 삶에서 의식의 중추인 전두엽이 별로 필요하지 않기 때문이다. 새로운 것을 배우고 경험하는 일은 미시적 관점에서 보면 유전자를 바꾸는 것과 같다. DNA는 우리의 선택을 기다린다. 새로운 경험으로 뉴런을 발화하고 발화한 뉴런의 전기 충동으로 세포핵 속 DNA를 일깨울 때 유전자는 새롭게 변할 수 있다. 이 유전자는 과거의 나와 다른 나를 의미한다.

전두엽에 이상이 생겼을 때 일어나는 일을 다시 한번 생각해 보자. 전두엽에 문제가 생기면 당신은 게으르고 무기력하게 변한다. 일상적이고 단순한 것을 선호하고, 어떤 일을 지속하지 못한다. 또 일상의 삶이 간섭받을 때 감정이 폭발한다. 결국 전두엽이 제대로 작동하지 않으면 과거에 머물게 되는 것이다.

우리는 전두엽을 활용하여 항상 깨어 있어야 한다. 변화를 진정으로 원할 때 전두엽은 변화를 실현할 수 있도록 자기 능력을 총동원하여 우리를 도와준다. 그러니 전두엽을 건강하게 유지하는 것이 무엇보다 중요하다.

21

파블로프의 개가 침을 흘린 이유
-좋은 습관을 만드는 방법

'파블로프의 개'라 불리는 너무나도 유명한 실험에 대해 알아보자. 파블로프는 개를 대상으로 재미있는 실험을 진행했다. 처음에는 개에게 종소리만 들려준 후 어떻게 반응하는지 관찰했다. 개는 아무 반응을 보이지 않았다. 두 번째는 종소리 없이 먹이만 주었다. 개는 침을 흘리며 게걸스럽게 먹었다. 세 번째는 종소리와 함께 시간 간격을 약간 두고 먹이를 주었다. 그리고 나서 이것을 한동안 반복했다. 마지막으로 다시 종소리만 들려주었다. 개는 종소리에 아무 반응을 보이지 않다가 얼마 지나자 침을 흘리기 시작했다. 파블로프는 종소리와 음식을 결합하여 개를 조건화했다. 이것이 바로 '고전적 조건화'라 불리는 파블로프의 개 실험이다.

이 실험을 우리의 삶에 대입해 보자. 우리 역시 과거를 반복하여 자신을 조건화해 왔다. 어제 한 행동을 오늘 되풀이하면서 과거의 경험을 무의식화했다. 자신을 외부 자극에 자동으로 반응하도록 조건화한 것이다.

앞에서 말한 대로 사람은 모든 행동을 의식하면서 살지 않는다. 대부분의 행동은 무의식중에 일어난다. 우리가 경험한 과거의 기억이 의식에 앞서 나타난다. 우리는 과거에 한 행동을 잘 기억하고 있다가 필요할 때 인출하여 그 기억을 바탕으로 뭔가를 선택하고 행동할 뿐이다. 우리가 의식한다고 착각하는 이유는 무의식이 눈 깜짝할 사이에 먼저 행동에 들어가기 때문이다. 그 과정을 기억하지 못한 채 무의식이 사라지고 난 뒤 남아 있는 결과를 뒤늦게 깨닫기 때문이다.

뭔가를 새롭게 배울 때 처음에는 의식을 동원한다. 즉 전두엽이 활발하게 활동하는 상태에서 시작한다. 그러나 학습을 반복하여 새로움이 익숙해지는 순간 전두엽은 슬슬 발을 빼기 시작한다. 그 후 습득한 경험을 해마나 소뇌 같은 다른 하위 영역이 이어받아서 장기 기억으로 저장한다. 이 영역은 무의식과 관련되어 있다.

자동차 운전을 처음 배울 때 사람들은 전두엽을 사용한다. 시동을 걸고 기어를 조작하고 가속페달을 밟는 것 하나하나 주의를 기울여 배운다. 이때 뇌에서는 새로운 뉴런들의 신경회로가 만들어진다. 한동안 반복해서 운전 훈련을 하면 전두엽은 자기 자리를 소뇌에 넘겨준다. 이렇게 자동차 운전에 관한 지식은 무의식에 저장된다. 그 후부터 자동차를 운전하는 행위는 무의식중에 일어난다. 의식적 행동이라 믿는 많은 일이 대부분 무의식에서 일어나는 것이다.

뭔가를 배워서 완전히 익혔다는 것은 의식을 무의식으로 만들었다는 것과 같다. 이는 아주 중요한 의미를 가진다. 나쁜 습관은 좋지 못한 행동을 반복함으로써 무의식화했기 때문에 자신의 일부로 굳어진 것이다.

그렇다면 좋은 습관을 만드는 원리도 이와 같지 않을까? 바람직한 행동을 되풀이하여 습관으로 삼으면 어떤 일이 벌어질까? 즉 과거의 잘못된 습관을 더 되풀이하지 않음으로써 나쁜 습관의 회로를 끊고, 우리가 목표하는 새로운 습관을 반복 훈련하여 새로운 회로를 장기 기억으로 만들어 무의식화할 수 있지 않을까? 그렇게 된다면 우리가 바라는 오래 하는 힘을 키울 수 있지 않을까?

22

<u>생각만으로도 죽을 수 있다</u>
- 뇌가 가진 무한한 가능성

이제 우리는 오랫동안 다져진 나쁜 습관의 신경회로를 끊어야 한다. 하지만 오랫동안 단단하게 연결된 회로들, 즉 감정의 화학물질에 중독된 과거의 기억을 끊어내기란 무척 어려운 일이다. 유명한 심리학자인 로버트 아더 박사는 실험으로 그와 같은 사실을 뒷받침했다.

아더 박사는 위통을 일으키는 약물을 설탕물에 타서 실험용 쥐에게 먹였다. 박사는 설탕물을 먹은 쥐들이 설탕물과 통증을 조건화하여 한동안 설탕물을 멀리할 것으로 예측했다. 그러면서 쥐들이 얼마나 오랫동안 설탕물을 멀리하는지 지켜보았다. 그런데 설탕물을 먹은 쥐들이 하나둘 죽기 시작했다. 실험에 사용한 위통 약에 면역 체계를 약화하는 성분이 들어 있었던 것이다. 박사도 모르는 사실이었다. 면역력이 약해진 쥐들은 세균 감염으로 하나둘 죽기 시작했다.

그 후 박사는 살아남은 쥐에게 다시 설탕물을 먹였다. 이번에는 면역력을 약화하는 위통 약을 섞지 않았다. 그런데도 쥐들은 계속 죽어 나갔다. 파블로프의 개가 종소리를 맛있는 음식과 연결했듯 쥐들은 설탕물을 죽음과 연결한 것이다. 결국 쥐들은 생각만으로 죽게 되었다.[1]

이처럼 과거의 기억이 현재에 미치는 영향력은 어마어마하게 크다. 게다가 과거의 경험이 강하면 강할수록 그 영향력에서 벗어나기란 무척 어렵다. 하지만 뇌가 어떻게 작동하는지 제대로 이해하면 아무리 강력한 연결도 쉽게 끊어낼 수 있다.

로버트 아더 박사의 실험에서 알 수 있듯이 생쥐는 위통 약을 섞지 않은 단순한 설탕물로도 죽음에 이르렀다. 과거의 경험을 생각만으로 현실화했다. 생각을 어디에 두느냐 하는 문제는 이처럼 대단히 중요하다.

존재하지 않는 팔에서 느끼는 고통을 상상력으로 치료할 수 있었듯이, 상상을 현실로 만드는 일은 얼마든지 가능하다. 결국 어떤 생각(선택)을 하느냐에 따라 삶은 얼마든지 바뀔 수 있다.

우리의 뇌는 무한한 가능성을 품고 있다. 뇌는 고정되어 있지 않으며, 무엇이든 될 수 있는 유연한 세계다. 그중에서 전두엽은 가능성의 문을 여는 비밀의 열쇠다. 따라서 전두엽을 잘 이용하면 아무리 단단하게 잠긴 문도 열 수 있다.

23
여자는 남자보다 지적 능력이 떨어진다?
– 생각이 행동에 미치는 영향력

생각이 몸을 지배한다는 사실을 알아차리고 가장 먼저 그것을 활용한 곳은 의학 분야다. 우리 속담에 '말 한마디로 천 냥 빚을 갚는다.'가 있는데, 의사들의 말 한마디 한마디는 환자에게 엄청난 영향력을 행사한다. 이를 입증하는 사례를 살펴보자.

오랫동안 우울증을 앓아 온 환자가 있었다. 환자는 시중에 나온 모든 약을 복용해 보았지만 효과를 보지 못했다. 어느 날 의사는 환자에게 임상 시험용 약이 있다면서 복용해 보라고 권했다. 의사는 이 신약은 지금까지 나온 어떤 약보다 효과가 좋다는 말을 덧붙였다. 환자는 의사의 말을 믿고 약을 먹기로 결심했다. 얼마 지나지 않아 환자의 우울증은 깨끗하게 치료되었다.

신약을 처방받은 다른 환자는 애인에게 이별을 통고받은 후 자살을 결심하고 약을 한꺼번에 복용하고 말았다. 환자는 곧 자신이

오래 하는 힘

죽을 것을 알고 그 행동을 후회했다. 환자는 급하게 병원으로 달려 갔다. 병원에 도착한 환자의 심장은 곧 멎을 것처럼 심하게 요동쳤 다. 환자는 땀을 뻘뻘 흘리며 의사에게 살려 달라고 애원했다. 그런 데 어찌된 영문인지 검사 결과 이상한 점이 발견되지 않았다. 그의 몸은 지극히 정상이었다.[2] 사실을 말하자면 두 사람이 복용한 약 은 몸에 전혀 해가 없는 가짜 약이었다. 환자들은 의사의 말을 아무 의심 없이 믿었기 때문에 효과도 없는 약이 효력을 발휘한 것이다.

이 사례에서 첫 번째 환자는 의사가 처방해 준 약이 몸을 낫게 해 줄 것이라고 믿었다. 그 믿음이 현실에서 좋은 결과를 낳았다. 두 번째 환자도 마찬가지다. 신약을 우울증 치료제로 믿었고, 그 약을 한꺼번에 먹어 죽을지도 모른다고 생각했다. 생각이 현재의 자신 에게 영향을 미친 것이다.

두 사람의 사례는 생각만으로 삶과 죽음이 결정될 수 있다는 놀 라운 사실을 알게 해 준다. 다시 한번 말하지만 뇌는 현실과 상상을 구분하지 않는다. 따라서 뇌는 상상만으로 화학물질을 분비하고 생 체 시스템은 뇌의 명령에 따라 움직인다.

캘리포니아 대학의 존 레빈 박사는 이 현상을 자신이 치료하는 환자들에게 적용해 증명해 보였다. 그는 환자들에게 가짜 진통제 를 처방했다. 환자들은 실제로 통증이 없어졌다고 말했다. 그는 통 증을 억제하는 엔도르핀이 정말로 분비되었는지 알고 싶었다. 그래 서 이번에는 엔도르핀 수용체를 차단하는 약을 처방해 주었다. 그 러자 환자들은 다시 통증을 느낀다고 호소했다. 이 연구 결과로 알 수 있는 사실은 생각만으로 화학물질이 분비된다는 것이다. 생각만으로 몸이 변할 수 있다는 점을 증명한 것이다.[3]

나도 그런 경험을 한 적이 있다. 심한 두통을 앓던 나는 흔히 복용하는 진통제를 먹었다. 그러나 별 효과가 없었다. 그래서 좀 더 약효가 센 진통제를 복용했다. 그러자 두통이 깨끗하게 사라졌다. 어느 날 자고 일어났더니 또 두통이 찾아왔다. 즉시 늘 복용하던 진통제를 먹었고, 여느 때처럼 두통이 나았다. 그런데 나중에 알고 보니 내가 먹은 약은 평소 효과가 거의 없던 진통제였다. 아내가 모르고 약통에 두 약을 함께 넣어 두었던 것이다.

흥미로운 연구 결과를 하나 더 소개하고자 한다. 캐나다의 한 연구진은 '여학생이 남학생보다 지능이 떨어진다.'는 사실을 과학적으로 설명한 가짜 보고서를 읽은 여학생들이 '여학생이 남학생보다 지능이 떨어지는 것은 차별 교육을 받았기 때문'이라고 인지한 여학생들보다 학업 성적이 더 나쁘다는 연구 결과를 발표했다.[4]

생각이 행동에 미치는 영향력은 우리가 생각한 것보다 훨씬 더 강력하다. 낙천적으로 생각하는 사람은 불리한 상황에서도 긍정적 결과를 이끌어낼 수 있지만, 부정적으로 생각하는 사람은 유리한 상황에서도 긍정적 결과를 이끌어내지 못한다. 당신의 생각이 머무르는 곳이 바로 당신이 사는 세계다. 어떤 세계를 구축할지는 당신의 생각에 달렸다.

24
관찰 일기를 써라
– 무의식을 의식하기

잘못된 습관을 끊기 위해서는 의식적으로 좋은 습관을 만든 후 이를 무의식화해야 한다고 앞서 말했다. 그러려면 먼저 자신을 객관화할 필요가 있다. 객관적 관찰로 자신을 의식적으로 인지하고 있어야 한다.

자신을 객관적으로 인식하는 것은 결코 쉬운 일이 아니다. 앞에서도 강조했다시피 우리의 일상은 무의식적 습관으로 이루어져 있기 때문이다. 이제 우리는 무의식 세계를 의식 세계로 끌어내어 그것을 재조정해야 한다. 그 과정을 지금부터 살펴보자.

자신을 관찰하는 데 가장 좋은 방법은 일기 쓰기다. 오늘 하루 무엇을 했는지 시간대별로 자세하게 기록하는 것이 중요하다. 최대한 집중해서 사소한 부분까지 기록한다. 길을 걸어갈 때 무심코 한 행동 하나하나까지 떠올려 보자. 이러한 회상은 무의식을 의식으로 바꾸는 과정이다.

다음은 A라는 사람의 일과다. 아침 7시 30분에 일어나 아침 식사를 가볍게 하고 샤워를 한 후 도서관에 가서 책을 읽거나 공부를 한다. 다이어트 식단으로 점심을 해결하고 조금 더 공부하다가 영어학원에 가서 수업을 듣는다. 수업이 끝나고 집으로 오는 길에 친구에게서 저녁을 같이 먹자는 연락을 받고 친구를 만나 저녁을 먹고 집에 들어와 씻고 잔다. 우리가 기억하는 하루는 이렇듯 무엇 무엇을 했다는 편린의 집합이다. 그런데 A의 일상에는 '숨은 그림 찾기'처럼 무의식적 행동이 숨어 있다. 무의식이 자신을 얼마나 과거로 돌리려고 하는지 의식을 갖고 집중해서 살펴보아야 한다.

다시 A의 일상으로 돌아가 보자. A는 7시 30분에 일어났다. 그런데 전날 밤에 내일부터는 조금 일찍 하루를 시작하기로 다짐했다. 그래서 알람시계를 한 시간 정도 앞당겨 6시 30분으로 맞추어 두었다. 하지만 그가 눈을 떴을 때 시간은 벌써 7시였고, A는 이왕 늦은 김에 30분만 더 자기로 하고 다시 이불 속으로 들어갔다. 아침을 먹은 후 A는 조깅하려고 했지만, 날씨가 갑자기 추워져 건너뛰기로 했다. 샤워를 하고 곧장 도서관으로 향한 A는 점심으로 다이어트식 도시락을 먹었다. 하지만 그가 준비한 도시락에는 어제 먹다 남은 케이크 한 조각이 포함되어 있었다. 마지막으로 A는 영어학원 수업을 마치고 집으로 오는 길에 친구와 저녁 약속을 했다. 그런데 그날은 좀 더 건강한 몸을 만들기 위해 요가학원에 등록하기로 한 날이었다.

A가 '30분만 더'를 외치고, 조깅을 미루며, 맛있는 케이크의 유혹에 넘어가고, 건강을 소홀히 여기도록 한 것은 무엇일까? 그것은 반복된 경험으로 형성된 단단한 신경회로가 A를 지배했기 때문이다. 변화보다 현실에 안주하려는 과거의 무의식이 작동한 결과다.

감정의 뇌는 때때로 이렇게 말한다. "원래 하던 대로 해야지." "케이크를 먹으면 기분이 좋아진다는 거 알잖아." "내일 해도 괜찮아." 이처럼 뇌는 매 순간 당신에게 속삭인다.

나 역시 마찬가지다. 지금 이 글을 쓰고 있는 순간에도 무의식과 싸우고 있다. 내가 싸우는 무의식은 NBA(미국프로농구) 중계와 관련이 있다. 나는 당장 글쓰기를 멈추고 TV 앞으로 달려가고 싶다. 나의 무의식은 내가 좋아하는 농구 중계를 시청하여 얻게 될 감정의 화학물질을 계속 분비하고 있다.

글을 쓸 때 떠오르는 영감은 그 순간이 지나면 금방 사라진다. 그래서 나는 글을 쓸 때 최대한 글쓰기에 전념하려고 한다. 하지만 NBA 중계를 시청할 때 느낀 짜릿함이라는 화학물질에 이미 중독되어 있다. 감정 중독은 끊어내기가 매우 어렵다. 무의식은 나의 뇌를 인질 삼아 짜릿함이라는 미래의 화학물질을 계속 분비하여 나를 과거의 상태로 돌리려고 한다.

마찬가지로 A가 아무 생각 없이 한 행동은 무의식이 만든 결과다. 당신 역시 나와 A처럼 이 사실을 의식하지 못한 채 하루하루를 살아간다. 그런데도 인간은 변화를 모색한다. 30분이라도 일찍 일어나려 노력하고, 아침에 조깅하려고 노력한다. 식단을 조절하고

요가를 하여 건강해지도록 노력한다. 인간은 비록 과거의 경험이 발목을 잡을지언정 변화하려고 노력하는 유일한 동물이다. 그렇다면 이 노력은 어디에서 비롯되는 것일까?

그것은 바로 전두엽이다. 당신이 변화고자 하는 의지를 갖게 만드는 것은 전두엽이다. 그 변화를 포기하지 않고 지속하도록 해 주는 힘 역시 건강한 전두엽에서 얻을 수 있다. 하루를 돌아보면서 얼마나 무의식적으로 행동했는지 의식적으로 깨닫게 하는 것도 전두엽이 있기 때문에 가능하다.

이제 다시는 생존 반응에만 기대어 살던 과거로 돌아가서는 안된다. 추우면 움츠리고, 맛있는 음식을 보면 참지 못하는 행동은 결코 우리가 바라는 삶이 아니다. 조상에게서 물려받은 생존 반응은 이제 더는 필요하지 않다. 환경과 시대가 바뀌었기 때문이다. 이제 과감하게 과거의 유전자에서 벗어나야 한다.

새로운 경험을 하게 되면 뇌에 새로운 신경회로가 만들어져 유전자 배열이 바뀐다. 이 새로운 단백질은 당신을 언제든 새로 태어나게 할 수 있다. 당신은 이 새로운 유전자를 후세에 물려줄 수도 있다.

25
상상을 현실로
－선명하게 그리기

　자신을 철저하게 돌아보았다면 이제부터는 감정적으로 반응한 지난날을 멀리해야 한다. 지금까지 환경이 주는 자극에 휘둘려 왔다면 이제는 우리가 환경을 바꾸어야 한다. 변화하려면 당신은 여러 시도를 해야 한다. 그렇게 찾아낸 방법 가운데 무엇이 내게 적합한지 결정해야 한다.

　아침에 일찍 일어나기 위해 할 수 있는 일에는 여러 가지가 있다. 일찍 잠자리에 들기, 알람시계 새로 사기, 아로마 향 피우기, 잠자리에 들기 전 자극적 이미지 멀리하기, 자기 전 반신욕으로 몸 이완하기 등이다. 여러 방법 중에 자신에게 맞는 것을 찾아야 한다. 반복된 일상생활로 신경망은 고정되고, 고정된 신경망이 우리를 유혹한다. 단단히 배선된 뉴런은 새로운 연결을 만들려 하지 않는다. 이미 만들어진 길을 사용하려 한다. 변화란 뇌의 뉴런을 재구성하는 것이다. 기존 연결을 해체하고 다시 길을 내는 것이기 때문에 변화는 매우 어렵다.

'쓰지 않으면 잃는다.'는 헵의 이론을 이해한 상태라면, 새로운 뉴런을 만들기 위해 이미 굳어버린 뉴런을 사용하지 않아야 한다. 변화를 시도할 때, 의식 없이 반응한 일상과 결별을 선언할 때 기존에 사용한 뉴런은 녹이 슬기 시작해 서서히 녹아내릴 것이다. 그 자리를 젊고 싱싱한 뉴런이 차지할 것이다.

새롭게 다시 태어나고자 한다면 과거의 자신에게서 멀리 떠나야 한다. 그러기 위해서는 강한 의지가 필요하며, 그 강한 의지는 전두엽에서 나온다. 앞에서 전두엽에 문제가 있는 사람은 무기력해진다고 했다. 무기력은 어떤 일을 하게 만드는 뚜렷한 동기나 목적의식이 없다는 뜻이다. 의지를 실현하고자 할 때 뚜렷한 목적의식이 있느냐 없느냐는 매우 중요한 문제다. 목적 없는 삶은 공허하다. 현실에 머물면서 과거의 생존 반응 상태로 살려는 이유는 삶의 목적을 뚜렷하게 세워두지 않았기 때문이다. 과거의 조상들에게는 먹고사는 것이 삶의 유일한 목적이었다. 그러나 지금은 과거의 정글과 다른 세계다. 따라서 우리는 분명한 목적의식을 가지고 살아야 한다.

그렇다면 목적을 어떻게 설정할까? 목표는 무엇이 되어야 할까? 중요한 것은 목표를 세우고 목표를 향해 정진하는 노력 그 너머에 있다. 목표를 완수한 순간 무엇이 되어 있는지 상상하는 것, 그것이 가장 중요하다. 당신이 목표를 이루었을 때 되어 있을 뭔가는 지금 하는 일에 의욕을 갖게 한다.

지금 당장 당신에게 부족한 것이 무엇인지 떠올려 보자. 그다음 그 부족한 부분을 극복한 자신을 떠올려 보자. 어떤 그림이 떠오르는가? 당신이 어학 공부를 하고 있다고 치자. 그런데 때때로 당신의 과거가 당신을 유혹해 당신을 과거로 돌려놓으려 한다. 처음 가졌던 결심이 흔들리기 시작한다. 그럴 때일수록 어학 공부를 멋지게 마친 미래의 모습을 상상할 필요가 있다.

직장생활에 지친 당신이 상상할 수 있는 그림으로 무엇이 있을까? 힘든 것을 참고 견뎌냈을 때 받는 보상을 다양하게 상상해 보자. '고생 끝에 낙이 온다.'고 회사는 당신이 참고 견뎌준 것에 대한 보답으로 승진이라는 선물을 줄 수도 있다. 나아가 회사의 중역이 될 수 있고, 혹여 회사를 물려받을 수도 있다. 아니면 직장생활 경험을 토대로 개인 사업을 시작할 수도 있다. 사업 규모가 점점 커져 굴지의 기업으로 성장할지는 아무도 모른다.

동물 중 유일하게 인간만이 미래를 예측하고 대비할 수 있다. 이는 신이 준 선물이다. 따라서 어떤 일을 수행할 때 목표를 세우고 보상을 선명하게 상상하면 의지를 가지고 목표를 향해 포기하지 않고 나아갈 수 있다.

운동선수들이 육체 훈련 외에 정신 훈련을 강조하는 이유는 생각의 힘을 믿기 때문이다. 경기 전에 선수들은 자신만의 의식을 갖는다. 이를 다른 말로 표현하면 '최면을 거는 것'이다. 승리한 모습을 선명하게 떠올리는 순간 우승에 한 걸음 더 다가갈 수 있다는 사실을 그들은 잘 알고 있다.[5]

선명한 상상은 전두엽을 활성화한다. 우리는 생각만으로 전두엽을 움직여 전두엽의 기능을 높일 수 있다. 즉 생각이 감정을 지배하는 선순환의 고리를 만듦으로써 과거의 감정이나 무의식에 지배당하며 살던 악순환을 끊을 수 있다. 전두엽은 우리가 집중하고자 하는 의지를 내비치는 순간 뇌의 다른 감정 영역에서 오는 자극을 차단하여 집중력을 높인다. 따라서 상상을 현실로 만들기 위해 전두엽을 적극 활용해야 한다.

오래 하는 힘

26
시간이 벌써 이렇게 됐네
- 전두엽 활용하기

　그렇다면 전두엽은 우리의 습관을 개선하는 데 어떤 식으로 관여할까? 뇌 스캔 영상을 연구하는 학자들은 전두엽의 활동성이 둔화하면 충동적이고 감정적으로 행동하는 경향이 두드러진다는 사실을 밝혀냈다.[6]

　사람들은 대부분의 일상을 반복으로 굳어진 감정 중독 상태에서 보낸다. 본능적 생각, 말하자면 무엇을 먹을까? 어디서 잘까? 무슨 옷을 입을까? 같은 의식주에 초점을 맞춘 생존반응에만 신경 쓰며 사는 것이다. 생존과 관련한 일에만 반응하며 살아갈 때 전두엽의 활동성은 조금씩 떨어지기 시작한다. 의미 없는 일상의 반복은 전두엽을 방치하는 것과 다를 바 없다.

　반대로 발전적 생각을 할 때 전두엽의 활동성은 높아진다. '앞으로 어떻게 살아야 할까? 더 발전하기 위해 지금 하는 일이 내게 어떤 영향을 미칠까?' 하고 생각하면 전두엽은 더 활발하게 활동한다. 또 과거의 감정 경험에 휘둘려 실패한 모습을 떠올리지 않게 해 줘서 '현재의 나'와 '과거의 나'가 연결되지 않도록 한다. 전두엽은 오로지 현재의 나만 느끼도록 도와준다.

베트남전에 참전한 군인들이 전쟁 트라우마에 시달리고 있다. 미국 정부는 퇴역한 군인이 트라우마로 인해 사회에 적응하지 못하고 격리되는 문제를 심각하게 고민해 왔다. 실베스터 스텔론 주연의 영화 〈람보〉 시리즈는 단순한 액션 영화가 아니다. 액션 영화라는 인식을 갖게 된 것은 〈람보2〉부터 기획 의도가 달라졌기 때문이다. 〈람보1〉은 트라우마 때문에 사회 부적응자로 낙인이 찍힌 참전 군인에 대한 이야기였다.

전쟁 트라우마를 겪는 군인들의 문제는 정신에 있다. 따라서 약물치료보다 정신 치료를 먼저 해야 한다. 정신과 의사 벤자민 사이먼은 군의관 시절 그들에게 최면 치료법을 시도했다. 최면 상태나 명상에 빠져 있을 때 찍은 뇌파를 보면 전두엽의 활성도가 매우 높다는 사실을 알 수 있다. 이 상태에서는 집중하는 능력이 향상된다. 최면은 집중력을 바탕으로 생각의 패턴에 변화를 주어 환자의 상태를 개선한다. 즉 전두엽이 과거를 잊고 현재에 집중하도록 만드는 것이다.

벤자민 사이먼은 최면 치료법으로 전쟁 트라우마를 앓는 군인들의 정신적·육체적 문제를 해결하는 데 성공했다. 그 후 정신에 문제가 있는 환자를 치료하는 데 최면 요법이 활용되기 시작했다.[7]

좋아하는 영화를 시청할 때, 토플 시험을 준비하기 위해 영어 강의를 들을 때 전두엽은 활성화한다. 전두엽은 다른 감각에서 들어오는 정보를 차단하여 한 곳에 집중할 수 있도록 해 준다. 시각 정보, 공감각 자극, 운동 감각과 변연계를 통해 과거의 나를 회상하게 하여 과거로 돌아가려는 충동을 차단한다.

전두엽이 이러한 기능을 수행할 수 있는 이유는, 전두엽이 뇌의 다른 기관인 중뇌, 편도체, 기저핵, 시상하부, 해마, 뇌간 등과 직접 연결되어 있기 때문이다. 말하자면 전두엽은 '뇌의 사령탑'인 셈이다.[8] 우리는 가끔 '시간이 벌써 이렇게 됐네!' '시간 가는 줄 몰랐어.' 하고 중얼거린다. 이러한 시간 왜곡은 전두엽의 놀라운 능력 때문에 일어난다.

전두엽의 놀라운 능력으로 미래에 대한 보상 또는 기대에 집중하여 몸을 바꿀 수 있다면 어떨까? 다시 말해 뭔가를 성취했을 때 느끼는 감정을 밀도 높은 상상하기로 한발 앞서 느낄 수 있다면 어떤 일이 벌어질까?

뭔가가 되기를 바라는 순간 전두엽은 그에 맞는 네트워크를 구축하기 시작한다. 어떤 감각은 차단하고 어떤 감각은 더욱 활성화한다. 이 네트워크에 따라 아직 경험하지 못한 미래를 경험하며, 그 경험은 화학물질 덕에 더욱 선명하게 각인된다. 그 화학물질은 유전자를 통해 새로운 단백질을 생산해 내고, 내 몸은 내가 되고자 하는 방향으로 다시 설계된다.

27

짜릿함을 느껴 봐
–감정 덧붙이기

　앞에서 감정이 어떤 자극에 개입될 때 기억으로 저장되기 쉽다고 설명했다. 경험이 기억으로 전환되는 메커니즘은 두 가지로 축약할 수 있다. 하나는 외부 자극을 받아 입력된 경험이고, 다른 하나는 지식을 습득하여 얻은 경험이다. 외부 자극을 받아 입력된 경험은 대부분 어떤 느낌을 동반한다. 교통사고는 무서움을, 헤어짐은 슬픔을 동반한다. 운동 경기 관람은 짜릿함을 동반한다. 이렇듯 외부 자극을 받아 뭔가를 경험할 때는 반드시 감정이라는 느낌이 따라온다. 이 느낌이 강하면 강할수록 더 쉽고 빠르게 기억으로 저장된다.

　반면에 지식을 습득하여 얻은 경험은 감정을 동반하지 않는다. 오로지 실천으로 각인되어야 하므로 지식이나 정보는 처음에 단기 기억으로 저장된다. 그 후 반복하여 실천하면 장기 기억으로 전환된다. 따라서 지식으로 얻은 경험은 시간을 필요로 한다. 지금 당신은 이 책을 읽으면서 전두엽에 관한 지식을 습득한다. 그런데 습득만 하고 실천하지 않으면 지식은 단기 기억에 잠시 머물다가 사라질 것이다. 따라서 이 책에서 배운 내용을 오랫동안 기억하기 위해서는 되풀이해서 읽고 실천에 옮겨야 한다.

쉽게 말해 충격적 장면을 목격할 때 얻는 경험이 지식을 습득할 때 얻는 경험보다 더 쉽고 빠르게 기억으로 저장된다. 따라서 뭔가를 이룬 후의 모습을 상상하고자 하면 감정이라는 느낌을 덧칠할 필요가 있다. 감정은 우리가 무엇을 상상하든 그것을 더욱 생생하게 만들어 주기 때문이다.

K는 작은 일에도 자주 성질을 부리곤 했다. 이런 성격 때문에 그는 대인관계가 좋지 못했다. 더불어 사회생활도 잘할 수 없었다. 가장 가까워야 할 가족은 가장 먼 관계가 되어버렸다. K는 이렇게 살아서는 안 되겠다고 생각했다. 작은 일에 예민하게 반응하는 자신의 잘못된 습관을 버리기로 결심했다. 그가 가장 먼저 한 일은 자신을 객관적으로 바라보는 일이었다. 화의 근본 원인을 찾아야만 잘못된 습관을 고칠 수 있다고 생각했기 때문이다. 집중력을 발휘해 자신을 관찰한 결과 평소에 잘 웃지 않는다는 사실을 알아냈다. 원인을 파악한 K는 잘 웃기 위해 즉각 행동에 돌입했다. 그는 하루도 빠지지 않고 코미디 프로그램을 시청했다. 다음으로 부정적 생각을 끊고 긍정적 생각만 하기로 했다. 날마다 자신은 긍정적인 사람이고 남을 대할 때 긍정적으로 대하면 무슨 일이 일어날지 상상했다.

K는 그 두 가지 원칙을 반복하고 또 반복했다. 그 후 그는 약속

이 있는 날이면 자신이 본 코미디 프로그램을 떠올리고, 자신을 긍정적인 사람이라고 머릿속으로 되뇌었다. 만날 사람이 누가 되었든 그 사람을 만나기 전부터 웃기 시작했다. 그가 웃자 그의 뇌에서는 엔도르핀과 옥시토신이 분비되기 시작했다. 엔도르핀은 통증이나 고통을 잊게 해 주는 화학물질이지만, 웃을 때 분비되는 화학물질이기도 하다. 옥시토신은 편도체가 담당하는 불안과 걱정의 수용체를 차단하여 애정을 느끼고 사랑하는 마음을 갖게 하는 화학물질이다.[9]

이제 K는 고양된 감정으로 사람을 대한다. 자신이 만날 대상을 이미 기분을 좋게 할 사람으로 경험했기에 상대방이 누구든지 더는 자신을 화나게 하지 않는 존재가 될 터이다. 현재 K는 성공적인 삶을 살고 있다.

물론 여기서 이야기한 K는 실존하는 사람이 아니다. 하지만 K는 내가 될 수 있고 당신이 될 수도 있다. 성취하고자 하는 것을 상상할 때 감정을 동반한다면 되고자 하는 미래는 더욱 생생한 현실로 다가올 수 있다는 사실을 명심하자.

오래 하는 힘

28
이봉주와 하나 되기
– 이미지 추가하기

여기서 한 걸음 더 나아가 보자. 막연하게 생각하기보다 내가 되고 싶은 목표를 이미 이루어낸 사람을 떠올리는 것이 아무것도 없는 상태에서 상상하는 것보다 당신이 원하는 목표를 더 빨리 이루게 해 줄 것이다. 당신의 상상에 구체적 이미지를 추가하면 더 많은 정보가 더해지므로 효과가 더 클 수밖에 없다.

나약한 의지력을 고치려고 한다면 본받고 싶은 사람을 먼저 설정하는 것이 좋다. 연예인이든 위인이든 상관없다. 그 대상이 가족일 수도 가까운 친구일 수도 있다.

전 국민에게 사랑받았던 마라토너 이봉주 선수를 떠올려 보자. 이봉주 선수를 떠올리는 순간, 이봉주라는 생생한 이미지를 얻게된다. 이제 이봉주 선수가 경기 전에 훈련하던 모습을 떠올려 보자. 그는 얼굴을 찡그리기도 하고 지쳐 쓰러지기도 한다. 그러면서도 그는 계속 달린다. 조국과 국민을 위해 금메달을 꼭 목에 걸겠다는 그의 의지가 생생하게 전달된다. 경기 당일, 이봉주 선수가 고통을 참고 달리는 모습, 그의 숨소리와 땀방울 하나하나까지 함께 떠올려 보자. 갈증을 참아내는 모습, 오르막길에서 고통스러워하는 모습을 떠올려 보자. 마지막 결승점을 통과하면서 감격스러워하는 모습까지 생생하게 떠올려 보자. 이봉주 선수가 느꼈을 격양된 감정을 함께 느껴 보자. 이윽고 시상대 가장 높은 곳에서 기쁨의 눈물과 함께 금메달을 목에 건 이봉주 선수를 떠올려 보자. 당신의 감정도 최고조에 이를 것이다.

마라톤을 해 본 적이 없다면 직접 해 보는 것도 나쁘지 않다. 마라톤을 하면서 의지력을 시험해 볼 수 있고, 이봉주 선수가 경험한 고양된 감정의 화학물질을 직접 느껴 볼 수도 있기 때문이다. 하지만 경험하지 않았다고 해서 실망할 것은 없다. 이봉주 선수가 경험한 환희의 기쁨과 완전히 같지 않더라도 생생하게 상상하기만 하면 뇌는 가소성을 발휘해 이봉주 선수에 버금가는 기쁨의 화학물질을 만들어낼 수 있기 때문이다.

이제 당신이 원하던 의지력을 한층 쉽게 끌어올릴 수 있을 것이다. 이미 당신은 상상만으로 미래의 결과를 머릿속에 심어 두었기 때문이다. 이미지로 하는 상상은 위에서 설명한 것처럼 감정이라는 느낌을 자연스럽게 공유할 수 있어 더욱 효과가 크다고 할 수 있다.

정신을 개선하는 데만 이미지를 활용할 수 있는 것은 아니다. 불편한 몸을 낫게 하는 데도 과거의 이미지가 도움이 된다. 만약 다리를 다쳤다면 건강했던 예전의 다리를 떠올려 보자. 운동장을 힘차게 달리던 모습을 상상할 수도 있고, 바닷가 모래사장에서 뛰어놀던 모습을 상상할 수도 있다. 될 수 있으면 기억에 남는 순간을 떠올리는 것이 좋다. 그때 느낀 감정이 동반된다면 생각은 더 생생해질 수 있다. 그 생생한 에너지가 아픈 다리로 전달될 것이다.

이제 회복되었다고 가정하고 다시 그 추억의 장소로 달려가 힘껏 달리는 모습을 상상하자. 상쾌한 기분을 느껴 보자. 원하는 그림을 집중해서 생생하게 그리는 연습을 치료와 병행하면 빨리 회복될 수 있을 것이다.

열정과 끈기로 성공을 이룬 사람들 3

가난과 손가락질을 이겨낸 위대한 곤충학자 파브르

《파브르 곤충기》로 유명한 장 앙리 파브르는 몹시 가난한 농부의 아들로 태어났다. 파브르는 당시 아이들이 가지고 놀던 흔한 장난감조차 제대로 가지고 놀아 본 적이 없었다. 대신 파브르는 자연과 어울려 놀았고, 그때부터 곤충에 관심을 두기 시작했다. 가난이라는 굴레에 있으면서도 낮에는 일하고 밤에는 열심히 공부하여 결국 초등학교 교사가 되었다.

파브르는 교사가 된 후에도 자연에 대한 호기심을 계속 이어갔다. 마침내 곤충학에 일생을 바치기로 결심한다. 하지만 다 큰 어른이 곤충을 잡기 위해 숲속을 헤집고 다니거나 잡아 온 곤충을 가지고 노는 모습을 고운 시선으로 바라보는 사람들은 별로 없었다. 어떤 사람은 그를 미친 사람으로 여기기도 했다. 그가 여성들을 상대로 곤충에 대해 강의하자, 그를 시기한 사람들 때문에 직장을 잃기도 했다. 하지만 파브르는 주위의 편견과 질시에 굴하지 않고 자신의 연구를 이어 나갔다.

드디어 파브르는 열 권으로 된 곤충기를 완성했다. 이 책에는 30여 년간 곤충에 관해 연구한 모든 것이 수록되어 있다. 지금까지도 곤충과 관련된 연구 자료나 서적 중에《파브르의 곤충기》를 능가하는 책은 나오지 않았을 만큼 이 책은 엄청난 완성도를 자랑한다. 열 권이 완성되었을 무렵 파브르의 나이는 84세였다. 수많은 핍박을 이겨내고 써 내려간 곤충기는 지금까지 그를 곤충학의 아버지로 추앙받게 만들어 주었다.

그러나 파브르가 세간의 인정을 받기 시작한 때는 그가 말년에 접어들 무렵이었다. 프랑스 아카데미는 그가 죽을 때까지도 회원으로 받아 주지 않았다. 파브르의 곤충 사랑을 멈추게 한 것은 지독한 가난도 주변의 시기 어린 질투와 핍박도 아니었다. 파브르에게서 곤충을 떼어놓을 수 있는 유일한 방법은 죽음뿐이었다. 파브르는 91세가 되어서야 곤충에 대한 열의를 내려놓을 수 있었다. 자신이 좋아하고 사랑하는 대상을 향한 길고 긴 열정과 집념은 그가 쓴 책만큼이나 중요하다는 사실을 잊어서는 안 된다.

끈기와 열정으로 인류를 질병에서 구해낸 **루이 파스퇴르**

시골의 평범한 가정에서 자란 파스퇴르는 똑똑하지 않았지만 특유의 느릿느릿한 성품과 관찰력으로 자신의 호기심을 고집스럽게 파고들던 아이였다. 파스퇴르의 지칠 줄 모르는 집중력은 훗날 끊임없는 실험으로 진실을 밝혀내는 연구원 자질을 갖추는 데 중요한 원동력이 되었다. 파스퇴르는 유제품의 이름으로 우리에게 친숙한 인물이지만, 사실 그는 인류를 질병에서 구해낸 역사적 인물이다.

파스퇴르는 발효에 관한 연구로 이 분야의 기초 이론을 확립하여 무너져 가는 프랑스의 포도주 산업을 일으켜 세웠다. 그리고 기존의 자연발생적 세균 생성 이론을 실험으로 무너뜨렸다. 세균은 저절로 생기는 것이 아니라 공기 중에 존재하는 균과 접촉해서 생성된다는 사실을 밝혀낸 것이다. 이 사실을 바탕으로 파스퇴르는 세균을 파괴하는 저온살균법이란 저장법을 개발하여 제품을 상하지 않고 오랫동안 보관할 수 있는 길을 열었다. 뇌출혈로 신체 일부가 마비되는 치명적 질환을 앓으면서도 탄저병 백신 실험에 성공하여 각종 질병의 예방 차원에서 지금도 활용되는 백신 접종의 선구자가 되었다.

1885년에는 광견병의 예방과 치료를 목적으로 만들어진 파스퇴르 연구소를 세웠으며, 죽기 직전까지 이 연구소의 소장으로 소임을 다했다. 미생물 실험에 평생을 바친 파스퇴르는 파브르와 달리 살아 있을 때 많은 영예를 누렸다. 그는 열정과 노력과 끈기로 무장한 과학자였으며, 이를 통해 인류의 발전에 큰 공헌을 한 과학자로 영원히 기억되었다. 파스퇴르는 생전에 "나의 유일한 강점은 끈기였다."는 말을 남겼다.

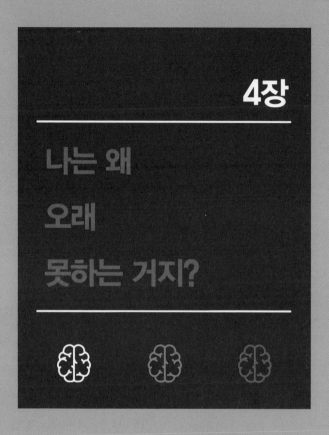

4장

나는 왜

오래

못하는 거지?

오래 하는 힘을 키우는 출발선에 서 보자. 그 시작은 자신을 객
관적으로 관찰하고 원인이 무엇인지 알아내는 것이다. 원인을
제대로 알고 나면 치료는 쉬워진다.

29
도대체 내 문제가 뭐야?
– 먼저 자신을 객관적으로 들여다보아야 한다

직장생활을 하든 사업을 하든 아니면 공부를 하든 자신의 능력을 제대로 발휘할 수 있으려면, 자신의 능력을 누군가에게 증명할 수 있으려면 인내심을 가지고 끝까지 밀어붙여야 한다. 이제부터 무엇이든 오래 할 수 있는 방법에 관한 이야기를 해 보자.

먼저 오래 하는 힘을 기르는 데 방해가 되는 것은 무엇인지 살펴보자. 하지만 그 전에 자신을 먼저 돌아봐야 한다. 나 역시 오래 하는 힘에 대해 연구하기에 앞서 거울을 들여다보듯 자신을 들여다봤다. 왜 나는 오래 하지 못할까? 왜 뭐든지 금방 포기하고 같은 실수를 되풀이하는 걸까? 친구를 만난 후 무엇이 잘못되었는지 깨닫고, 그 후 깊이 연구하며 해답을 찾으려고 노력했다.

이 책을 읽는 당신도 자신을 먼저 돌아보기 바란다. 나쁜 습관을 버리기 위해서 가장 먼저 해야 할 일은 자신을 객관적으로 관찰하

　　　　　　　　　　　　　　　오래 하는 힘

는 것이다. 내가 그랬듯이 당신에게도 미처 문제라고 생각하지 못하고 한 행동이 있을 것이다. 그 행동이 자신을 어떻게 만들어 왔는지 냉정하게 생각해 볼 필요가 있다. 자기를 관찰하여 문제점이 보이기 시작하면 절반은 성공한 것이다.

지금 이야기할 습관은 내 경험에서 비롯된 것이지만, 대부분의 사람이 공감할 만한 내용이라 생각한다. 만약 다음에 나오는 습관을 하나도 가지고 있지 않다면 여기서 이 책을 덮어도 좋다. 축하한다. 당신은 분명 성공한 사람임이 틀림없다. 하지만 하나라도 해당되면 이 책을 처음부터 꼼꼼하게 읽은 다음 그대로 실천해 보기 바란다. 머지않아 당신 역시 성공한 사람들과 어깨를 나란히 할 수있을 것이다. 자, 이제 깊게 숨을 한 번 들이마시고 출발해 보자.

자신의 하루를 일기 쓰듯 기록해 보자. 당신이 버리고 싶은 습관이 얼마나 자주 발현되었는지 유심히 관찰하고 하루를 마감하는 시간에 노트에 기록해 보자.

30
성격이 급해도 너무 급해
– 급한 사람은 장기 성과를 올리기 힘들다

    내가 말을 빨리 한다는 것을 처음 깨닫게 된 것은 초등학교 다닐 때였다. 그때는 한창 중동 건설 붐이 일던 시절이었다. 돈을 벌기 위해 머나먼 타국으로 여행할 준비를 하시던 아버지는 가족과의 오랜 이별을 달래기 위해 어머니와 나, 형의 목소리를 테이프에 녹음해 달라고 하셨다. 난생처음으로 내 목소리를 객관적으로 들을 기회가 생겼다. 그런데 녹음기에서 흘러나오는 목소리는 평소 내가 알던 것과 사뭇 달랐다. 말이 너무 빨라서 나조차 알아듣기 어려울 정도였고, 허스키한 목소리에 발음도 좋지 않았다. 내 목소리가 이렇다니! 나는 형과 엄마에게 정말 내 목소리가 이렇게 들리는지 따지듯 물었다. 형은 안색 하나 바꾸지 않고 "그렇다."고 말해 주었다. 어머니께서는 그냥 웃고만 계셨다. 믿을 수 없었다. 아니 믿고 싶지 않았다.

그 후 나는 말뿐 아니라 행동도 다른 사람보다 빠르다는 사실을 알았다. 달리기도 학급에서 제일 빨랐다. 밥을 먹는 속도도 빨라서 남이 한 그릇 먹을 시간에 두 그릇을 먹어치웠다. 글씨를 빨리 쓰다 보니 글자가 날아다녔다. 당연히 예쁠 리 없었다. 그런데 나는 이런 급한 성격이 꼭 나쁜 건 아니라는 사실을 군대에서 경험했다. 밥 빨리 먹기, 말 빨리 하기, 민첩하게 행동하기는 군대에서는 꼭 필요한 자질이었다.

이렇게 특정 상황에서는 단점이 장점이 될 수 있다. 그뿐만이 아니다. 사회에 나와 직장생활을 할 때도 급한 성격으로 덕을 볼 때가 많았다. 긴급히 프로젝트를 해야 할 경우 누구보다 신속하게 처리하는 능력 때문에 인정받기도 했다. 남은 꺼려 하지만 나는 좋아하는 분야에 금방 열정적으로 뛰어들 수 있어 남이 하지 않으려는 업무를 도맡아 처리하기도 했다. 덕분에 업무 수행평가에서 좋은 점수를 받은 적도 있었다. 하지만 여기까지다. 급하게 처리하는 업무 스타일은 단기 성과에 좋을지 몰라도 장기 성과는 올리기 힘들다.

성격이 급하면 결과도 빨리 보고 싶어 한다. 결과에 도달하는 과정이 길면 길수록 나 같은 사람에게는 불리해진다. 특히나 좋아하고 관심 있는 것과 관련해서는 급한 이유가 없는데도 빨리 끝내고 싶어 한다.

어느 추운 겨울날이었다. 볼일이 있어 용산 전자상가를 방문한 나는 어릴 적 가지고 놀던 장난감을 파는 가게를 발견했다. 일본 애니메이션에 나오는 캐릭터를 조립식 플라스틱 모델로 만들어 내놓은 제품인데 일명 '건프라'라고 부른다. 건프라는 건담과 플라스틱 모델이라는 단어를 합쳐 만든 합성어다.

용산 전자상가에서 본 건프라는 어릴 적 가지고 놀던 조악한 장난감이 아니었다. 조금도 망설이지 않고 마음에 드는 녀석을 하나 골랐다. 집에 오자마자 밤을 꼬박 새워 완성했다. 누가 시킨 것도 아니고 꼭 그날 끝내야 하는 이유도 없었다. 단지 완성된 모습이 빨리 보고 싶다는 이유 하나로 무리해서 조립한 것이다. 결국 다음 날 몸살로 드러누웠다.

책을 읽을 때도 마찬가지다. 나는 독서를 좋아한다. 그래서 한때는 꽤 많은 책을 보유하기도 했다. 인문, 철학, 역사, 과학 등 관심 있는 분야가 확장될수록 소장하는 책도 늘어갔다. 문제는 깊이 있게 독서하지 못한다는 것이다. 좋아하고 관심 있는 분야의 책은 그나마 꼼꼼하게 읽는 편이다. 그러나 생각하는 주제와 조금이라도 관련 없는 부분이 나오면 페이지를 술술 넘겨 버린다. 요점에 다가가기 위해 읽어야 할 곁가지를 견뎌내지 못한다. 곳곳에 숨어 있는 유익한 정보를 내 것으로 만들 기회를 스스로 걷어차 버리기 일쑤였다.

영화 관람은 또 어떤가? 초반에 관심을 끌 뭔가가 없으면 끝까지 볼 생각을 아예 하지 않는다. 조급한 성격을 가진 사람에게는 영화가 전달하고자 하는 메시지를 느긋하게 기다릴 여유가 없다.

오래 하는 힘

전두엽에는 조급증을 컨트롤하는 기능이 있다. 인체는 무의식이 의식보다 먼저 반응한다. 무의식은 과거의 경험이 차곡차곡 쌓여 감정을 담당하는 중뇌에 저장되거나 대뇌피질 여기저기에 분포되어 있다가 우리가 어떤 행동을 시작하면 불쑥 튀어나온다. 감정이 생각보다 앞서기 때문에 조급해지는 것이다. 과거에 기쁨과 희열을 느낀 경험이 생각 없는 행동을 유발한다. 따라서 전두엽 강화 훈련으로 조급증을 다스려야 한다.

31
정신이 산만해서 도무지 집중할 수 없어
─ 집중력이 떨어지면 뭐든 오래 할 수 없다

당신은 지금 《오래 하는 힘》을 읽고 있다. 책을 읽는 중간마다 외부의 소리나 움직임에 얼마나 반응했는지 돌아보기 바란다. 옆집에서 들려오는 청소기 소리, 도로를 달리는 자동차 소리, 당신 방을 들락날락하는 어머니나 아내 또는 아이들의 소란스러움이 얼마나 신경을 거슬리는가? 당신이 이런 소리나 움직임에 반응을 보인다면 안타깝게도 당신은 집중력이 그다지 좋지 못한 사람이다. 집중력이 좋은 사람은 어떤 소리에도 반응하지 않는다. 그들은 뇌를 활용하는 방법을 안다.

당신은 부모님에게서 "우리 아이는 머리가 좋은 데 노력을 안 해!"라는 말을 들어 본 적이 있는가? 그리고 당신은 이 말에 동의하는가? 나는 동의하지 않는다. 머리가 나쁘다는 말은 머리를 제대로 사용할 줄 모른다는 말과 같다. 머리를 잘 쓰지 못하는 사람은 대개 집중력이 좋지 않다. 그러므로 한곳에 집중하고 싶어도 잘되지 않는다. 여기서 말하는 머리가 좋다는 말은 단순히 IQ 문제가 아니다.

결국 천재란 머리를 잘 쓰는 사람을 말한다. 그들은 머리를 어떻게 써야 하는지 잘 알고 있다. 게다가 모두 뛰어난 집중력을 가지고 있다. 머리가 좋다는 것은 그들이 의식하든 의식하지 않든 뇌를 잘 사용할 줄 안다는 말과 같다.

나 역시 어머니에게서 "네가 머리가 나빠서 공부를 못하는 게 아니야. 노력하면 충분히 할 수 있어."라는 말을 들어 왔다. 하지만 어머니는 모르셨을 것이다. 아무리 노력해도 뜻대로 되지 않는다는 것을. 나는 공부를 못하지는 않았지만 잘하는 편도 아니었다. 책상 앞에 앉는 순간 어제 만난 여자 친구 얼굴이 생각나고, 학교에서 싸운 친구 얼굴이 떠오르는 등 이런저런 잡념이 머릿속을 헤집고 다니는 바람에 도무지 책에 집중할 수 없었다. 나는 결코 머리가 좋은 학생이 아니었다.

나는 한 가지 일에 쉽사리 몰두하지 못했다. 종종 하나의 생각을 마무리 짓지 못하고 샛길로 빠지곤 했다. 책을 사기 위해 서점에 갈 때면 원래 생각한 주제의 책에 집중하지 못하고 이 책 저 책을 뒤적거리다 계획한 것보다 많은 책을 사 왔다. 이 책을 왜 샀는지 후회하면서도 늘 그런 일이 반복됐다.

TV를 볼 때도 한 채널을 집중해서 보지 못했다. 혹시나 다른 채널에서 더 재미있는 것을 하지 않을까 하는 생각에 쉴 새 없이 채널을 이리저리 돌리곤 했다. 밥을 먹으면서 컴퓨터를 하기도 하고,

심지어 책을 읽으면서 영화를 본 적도 있다. 한 가지 일에 몰두하지 못하고 정신이 산만한 상태에서는 집중력이 떨어질 수밖에 없다. 집중력이 떨어지면 무슨 일이든 지속하기 힘들다.

전두엽은 뇌의 다른 부위에서 유입되는 정보를 차단하여 현재 하는 일에 집중하도록 도와준다. 전두엽의 기능 중에서 억제와 차단은 전두엽이 하는 일 가운데 높은 비중을 차지할 정도로 중요하다. 전두엽이 건강하지 않으면 억제와 차단 기능이 제대로 작동하지 않기 때문에 집중력이 떨어질 수밖에 없다. 전두엽을 강화하는 방법을 익히고 실천하면 무슨 일이든 집중력 있게 오래 할 수 있다.

오래 하는 힘

32
이것도, 저것도 다 사고 싶은데 어쩌지?
−충동적으로 벌인 일은 오래가지 않는다

당신은 충동적으로 뭔가를 사거나 일을 벌인 적이 있는가? 누구나 한 번쯤 이런 경험을 갖고 있다. 충동적으로 구매하거나 벌인 일이 후회하지 않을 만큼 좋았거나 성과를 이루었다면 다행이지만, 그렇지 못할 경우에 문제가 생긴다.

나는 여러 분야의 다양한 것을 많이 수집했다. 피겨, DVD, 보드게임, 책, 캠핑 장비 등 그때그때 관심을 끄는 것이 생기면 쉽게 빠져들었다. 하지만 결코 오래 하지 못했다. 조금씩 발만 담그다가 빼기 일쑤였다. 이유가 뭘까?

처음에는 좋아하는 분야, 좋아하는 메이커나 장비 위주로 수집했다. 수집 생활을 하다 보면 같은 취미를 공유하는 다양한 채널을 접하게 된다. 이 다양한 채널을 통해 새로운 제품이나 새로운 분야를 알게 되었고, 내가 아닌 남의 의견에 따라 제품을 충동적으로 구입하기 시작했다. 결과는 어땠을까? 결국 나는 그다지 좋아하지 않지만 남들이 좋다고 한 것, 남들이 하니까 나도 해 보자고 한 것 중에 오랫동안 간직한 것이 거의 없다. 죄다 중고 거래 사이트를 통해 처분해 버렸다. 감당할 수 없이 일이 커지면 포기하게 된다. 좋아서 시작한 일이지만, 결국 흥미를 잃고 말았다.

우리는 지금 정보의 홍수 속에 살고 있다. 인터넷의 발달로 정보의 전파 속도는 한층 빨라지고 있다. 다양한 채널에서 정보를 많이 얻을 수 있다는 것은 매력적인 일이다. 하지만 주의할 점은 많은 정보에는 다양한 사람의 생각이 뒤섞여 있고, 그 생각들이 매일 나를 충동질하여 그들 삶에 나를 짜 맞춘다는 사실이다.

지금은 과거 어느 때보다 개성이 돋보이고 개인주의가 강한 시대다. 하지만 꼭 그렇지만은 않은 듯하다. 주위를 둘러보면 수많은 광고가 우리를 유혹한다. 우리는 같은 광고를 보면서 유행에 뒤떨어지지 않기 위해 같은 상품을 충동적으로 구매한다. 또 인터넷의 발달로 같은 생각을 하는 사람들끼리 뭉치기가 더 쉬워졌다. 그러다 보니 이 집단 아니면 저 집단으로 헤쳐 모인다. 낙오자가 되기 싫으면 어느 쪽이든 가담해야 한다. 결국 타인의 생각, 정확히는 군중의 생각이 나를 충동질하고 결국 그 유혹에 넘어가고 만다. 우리 주위에는 이러한 유혹이 넘쳐난다.

무엇이든 충동적으로 시작하면 오래 하지 못한다. 충동이란 결코 내 의지가 아니기 때문이다. 남의 생각을 마치 내 생각처럼 여겨서는 안 된다. 몸에 맞지 않는 옷은 불편할 수밖에 없다. 충동에 이끌린 행동은 반드시 그에 걸맞은 결과를 낳는다.

충동이 일어나는 메커니즘은 외부에서 오는 자극에 쉽게 흔들리는 뇌의 작용 때문이다. 정서를 담당하는 변연계는 전두엽의 통제를 받아야만 사람에게 이로운 영향을 끼칠 수 있는데, 전두엽이 건강하지 못하면 변연계는 과도하게 활성화하여 결국 주변 자극에 쉽게 동화되고 만다. 따라서 충동 성향을 없애고 오래 하는 힘을 기르려면 전두엽을 건강하게 유지해야 한다.

33

이 걱정, 저 걱정, 신경 쓸 게 너무 많아
– 걱정과 불안은 의지를 꺾는다

일어나지 않은 일에 대해 걱정해 본 적이 있는가? 언젠가 늦잠을 자는 바람에 회사에 지각한 적이 있었다. 허둥지둥 옷을 챙겨 입고 출근하는데 마음이 너무나도 불편했다. 직장 상사에게 들을 잔소리, 거래처와의 오전 미팅이 깨져 거래가 불발되는 상황, 나보다 더 늦게 출근한 직원을 혼내던 내 모습 등 이런저런 걱정이 머릿속에 가득 차 있다 보니 출근길은 가시밭길처럼 편치 않았다. 걱정의 파편은 몸과 마음에 상처를 주어 급기야 배탈이 나고 말았다. 식은땀까지 흘리며 화장실을 다녀온 후에도 해결되지 않아 결국 약까지 먹어야 할 지경이 되었다.

하지만 회사에 도착한 후의 상황은 내 걱정과 아주 달랐다. 사장님은 출장을 나갔고, 잔소리꾼 상사는 나보다 더 늦게 출근했으며, 거래처에서는 오늘 잡힌 미팅을 내일로 미루겠다고 연락해 왔다.

오래 하는 힘

수많은 걱정 중에서 유일하게 현실로 나타난 것은 내가 혼낸 지각생 후임의 묘한 미소뿐이었다.

당신도 한 번쯤 이런 경험을 해 보았을 것이다. 나는 심지어 버스를 타고 가다가 땅이 꺼져 버스가 땅 밑으로 추락하면 어쩌나 하는 걱정까지 한 적도 있다. 누구에게도 말 못 했지만 아주 오랫동안 이런 불안감을 안고 버스를 타야 했다.

분명히 말하지만, 일어나지 않은 일에 대한 걱정이나 불안은 현실이 아니다. 그건 단지 우리의 뇌가 과거의 경험을 바탕으로 있지도 않은 환상을 만들어낸 허상에 불과하다. 이것을 인식하는 일은 매우 중요하다.

당신은 엘리베이터가 고장 나 그 안에 갇히는 상황, 비행기가 추락하는 상상, 힘들게 공부하고 치른 시험에서 떨어지는 걱정을 하며 살고 있지 않은가? 시작도 하기 전에 '장사가 잘될까? 합격할 수 있을까? 회사에 잘 적응할 수 있을까?' 하고 미리 걱정만 하는 사람과, 장사가 잘되는 방법을 연구하고 합격을 향해 세부 목표를 세우고 자신의 능력을 어떻게 하면 최대한 발휘할 수 있을지 고민하는 사람 중 어떤 사람이 성공하기 쉬울까?

중요한 것은 아직 일어나지 않은 일에 대한 불안이나 걱정은 '의지'를 꺾는 가장 큰 방해 요인이라는 사실이다. 다시 한번 강조하지만, 걱정하는 일이 반드시 실현될 것이라고 생각해서는 안 된다. 그것은 당신 스스로 만든 허상에 지나지 않는다.

편도체는 공포와 슬픔과 기쁨 같은 강렬한 감정을 동반한 경험을 기억하고 있다가 위기 상황이 오면 즉각 반응하도록 체계화되어 있다. 덕분에 인간은 위협 상황을 신속하게 벗어날 수 있다. 하지만 편도체가 과도하게 활성화하면 문제를 일으킬 수 있다. 이럴 때에는 전두엽 강화 훈련으로 전두엽이 편도체를 잘 통제하도록 해야 한다.

34
모두 네 탓이야!
— 부정적 생각은 추진력을 떨어뜨린다

쓸데없는 걱정만큼이나 '의지'를 약하게 만드는 것이 바로 부정적 사고다. 부정적 사고의 무서움은 또 다른 부정적 사고를 계속 양산해 낸다는 점이다. 이 악순환의 고리를 끊지 못하면 무슨 일이든 지속할 수 없다.

부정적 사고는 잘된 일, 잘한 일조차 부정적 시각으로 받아들이게 한다. '난 운이 좋아 성공한 거야.' '올해 매출은 좋았지만 내년에는 다시 떨어지겠지.' '오늘 시험은 너무 쉬웠어. 하지만 다른 아이들도 마찬가지겠지?'

부정적 사고의 다른 문제점은 모든 원인을 남에게서 찾는다는 것이다. '오늘 내가 지각한 건 아침 일찍 깨우지 않은 엄마 때문이야.' '내가 승진 못 한 건 최 대리 때문이야.' '지금 이렇게 힘들게 사는 건 부모님이 물려준 재산이 없기 때문이야.' '때문이야, 때문이야'

를 계속 반복할 뿐 자신을 냉철하게 들여다볼 생각은 하지 않는다.

내가 많은 직장을 옮겨 다닌 이유 역시 부정적 사고가 큰 영향을 미쳤다. 나는 일할 때 긍정적 생각보다 부정적 생각을 더 많이 했다. 과중한 업무를 받을 때면 업무 능력을 인정받은 것이라고 생각하기보다 같은 월급을 받는데 누구는 편하게 일하고 누구는 힘들게 일한다며 불평불만을 늘어놓기 일쑤였다. 일에 대한 의욕이 생길 리 없었다. 그러다 보니 늘 피해자처럼 행동할 수밖에 없었고, 내 잘못보다 남의 실수나 허점을 들추어내기 바빴다. 이 악순환의 고리가 만들어지면서 이 직장으로 저 직장으로 자주 옮겨 다니게 된 것이다.

부정적 생각은 추진력을 떨어뜨린다. 그건 한마디로 브레이크와 같다. 그런데 부정적 사고 때문에 생기는 가장 큰 문제는 따로 있다. 바로 몸을 상하게 한다는 점이다. 부정적 사고, 불안, 걱정에 젖은 삶은 스트레스라는 이름으로 우리 몸을 공격한다.

스트레스는 만병의 근원이다. 몸이 망가지면 아무리 좋은 생각과 의지가 있다 하더라도 아무 소용이 없다. 이 책에서 말하는 해결책조차 무너진 건강 앞에서는 무용지물이라는 사실을 결코 잊어서는 안 된다.

부정적 생각이 반복되면 뇌는 모든 회로를 부정적 방향으로 조직화한다. 부정적 사고가 무의식이 되고 나면 거기에서 빠져나오기란 쉽지 않다. 건강한 전두엽을 만들기 위한 생활습관을 꾸준히 실천하면 얼마든지 부정적 사고에서 빠져나올 수 있다. 전두엽을 활용해 즐거운 상상을 하는 순간, 뇌 역시 부정의 회로를 긍정의 회로로 바꾼다.

35
당신 잘못이 아니야
─유전자의 부족한 점을 보완하라

여기서 알아두어야 할 것은 오래 하지 못하는 습관이 당신만의 잘못이 아니라는 점이다. 인간은 수백만 년 전부터 내려온 유전자에 의해 만들어졌다. 수백만 년 전부터 새기고 새겨진 틀이 우리를 만들었다. 당신이 변화보다 현실 안주를 선호하는 이유는 유전자가 뇌를 조종하고 있기 때문이다. 앞에서도 설명했지만, 뇌는 지금까지 해 오던 일을 바꾸고 싶어 하지 않는다. 이미 고정된 신경망을 사용하는 것이 쉽고 에너지도 덜 들기 때문이다.

우리는 우렁찬 울음소리와 함께 엄마 뱃속에서 나오는 순간부터 강력한 두 무기를 사용하기 시작한다. 하나는 인류 공통의 조상에게서 물려받은 보편 유전자이며, 다른 하나는 개개인의 조상에게서 물려받은 개별 유전자다.

보편 유전자는 흔히 본능이라고 말하는 반응, 즉 차가 돌진해 오

오래 하는 힘

면 피하고, 배고프면 꼬르륵 소리가 나고, 긴장하면 땀이 흐르며, 공포를 느끼면 동공이 확장되는 무의식 작용을 말한다. 인류 공통의 유전자다.

우리는 가끔 내 행동이 부모님과 비슷하다고 느끼곤 한다. 내가 남과 다른 이유는 부모님이 모두 다르기 때문이라는 말로 표현할 수 있다. 내 부모님, 아니 우리 조상이 한 행동과 경험은 유전자 형태로 내게 전해진다. 따라서 내 부모님이 남의 부모님과 다르듯 나는 남과 다르다. 이것이 나와 남을 가르는 분기점이 되는 개별 유전자의 기능이다.

인간은 누구나 보편 유전자와 개별 유전자를 가지고 태어난다. 살면서 얻은 지식이나 경험은 물려받은 유전자를 바탕으로 서로 연결되고 강화된다. 이 과정에서 흔히 '자아'라고 부르는 나만의 개성이 생겨난다.

어쨌든 태어나서 경험하는 것 대부분은 태어날 때부터 물려받은 유전자에 의해 뇌에 각인되므로 나를 만든 성격이나 습관의 50%는 유전자에 속박되어 있다. 따라서 모든 불행이 내게서 비롯된 문제라고 여겨 자책할 필요는 없다. 그렇다고 부모님을 탓해서도 안 된다. 부모님 역시 물려받은 유전자에서 자유롭지 못하기 때문이다. 단지 유전자의 부족한 점을 노력으로 보완해 나가려는 의지가 없었을 뿐이다. 이제부터라도 변화하려고 노력해야 한다. 현실에 안주하지 말고 새로운 것을 찾아 도전해야 한다. 새로운 경험으로 새로운 유전자를 발현할 때 원하는 목표에 다다를 수 있다.

지금까지 당신이 범한 유일한 잘못은 변화를 거부한 채 조상에게서 물려받은 유전자대로만 살아왔다는 사실, 그 한 가지가 전부다. 이 오류를 바로잡기만 하면 된다. 누구나 새롭게 생각하고 행동함으로써 얼마든지 새로운 유전자를 발현할 수 있다. 변화의 시작은 사고의 중추인 전두엽에서 출발한다는 사실을 기억해야 한다.

오래 하는 힘

36

잘못된 습관을 바꾸려면 뇌를 바꿔야 해
– 뇌의 컨트롤타워는 전두엽

조급하고, 집중하지 못하고, 충동적이며, 쓸데없는 걱정에 휩싸이고, 모든 일을 부정적으로 받아들이는 잘못된 습관을 바로 잡기 위해 해야 할 일은 무엇일까? 그것은 자신의 뇌를 바꾸는 일이다.

나는 오래 하지 못하는 습관을 고치기 위해 좀 더 심층적으로 연구하기 시작했다. 그 행동의 근원을 찾으려고 노력했다. 그래서 그 해답이 '뇌'에 있다는 것을 알아냈다. 뇌는 우리 몸의 컨트롤타워다. 우리의 생각과 행동은 뇌에서 출발한다. 자신의 뇌를 똑바로 인식할 때 자신이 가진 문제점을 고칠 수 있다.

그렇다면 뇌의 어느 영역에 집중해야 할까? 몸의 컨트롤타워가 뇌라면 뇌의 컨트롤타워는 전두엽이다. 변화를 원한다면 의지를 가지고 실천해야 한다. '의지'는 뇌 가운데에서도 전두엽의 소산이다.

전두엽은 의식과 의지 그리고 목적을 가진 수많은 의도적 선택과 행동의 중추다. 같은 패턴을 되풀이하는 삶에서 벗어나 의식적으로 살아가려면 전두엽이 가진 능력을 최대한 이용할 필요가 있다.

성공을 위한 필요조건은 무엇일까? 여러 가지가 있겠지만, 그중에서 가장 중요한 것은 좋은 습관을 갖는 일이다. 좋은 습관 중에서도 오래 하는 습관은 성공을 위해 반드시 필요하다. 천재 물리학자 뉴턴은 고민에 빠지면 며칠 동안 잠도 자지 않고 문제가 해결될 때까지 끈질기게 물고 늘어졌다고 한다. 심지어 자신이 잠을 자지 않았다는 사실조차 깨닫지 못했다고 한다. 스포츠 선수들 역시 마찬가지다. 박찬호, 박세리, 김연아, 박지성, 손흥민 등 성공한 선수의 공통점은 성공할 때까지 포기하지 않고 실력을 갈고닦았다는 것이다. 직장생활도 마찬가지다. 자신의 능력을 과신하며 맡은 일마다 투덜대는 사람과 능력은 조금 부족하지만 맡은 업무를 성실하고 꾸준하게 해내는 사람 중 누가 성공에 가까울지는 자명하다.

성공의 씨앗이 열매를 맺으려면 포기하지 않고 오래 해야 한다. 따라서 성공하고자 한다면 오래 하는 습관을 길러야 한다. 습관은 뇌에서 시작된다. 뭐든지 서두르는 습관, 하나에 집중하지 못하는 습관, 충동적으로 행동하는 습관, 작은 일에도 걱정하는 습관, 모든 일을 부정적으로 바라보는 습관은 모두 오래 할 수 없게 하는 걸림돌이다. 이러한 잘못된 습관은 뇌를 적절하게 이용하지 못해 굳어버린 결과이다.

같은 패턴을 되풀이하는 삶에서 벗어나 의식적으로 살기 위해서는 전두엽이 가진 능력을 최대한 이용할 필요가 있다. 오늘부터 전두엽을 활용해 무심코 하는 행동을 인식하고 바꾸려고 노력해 보자. 건강한 전두엽은 언제든 당신의 의지를 실행할 준비가 되어 있다.

37
원인을 찾았으니 해결할 차례
– 신경회로를 최적의 상태로 만들자

지금까지 자신을 관찰하면서 오래 하지 못하는 습관에 영향을 미치는 문제를 간략하게 알아보았다. 여기서 중요한 점은 원인을 파악하고 그것을 현실로 받아들인 후 수정하고 실천하는 일이다. 하지만 일상생활에서 오래 하지 못하는 습관 때문에 겪는 고통을 직접 느끼기란 쉽지 않다. 솔직히 말하면 이러한 의식조차 평소에 잘 하지 않는다. 성공하지 못하고, 원하는 길을 가지 못하며, 순간의 안락함에 안주하는 원인을 찾는 데 실패하면서도 그것을 인식하기란 무척 어렵다. 나도 이 문제를 스스로 인식하기까지 오랜 시간이 걸렸다.

밥을 남보다 빨리 먹는다고 해서 오래 하는 힘이 부족하다고 생각하지 않는다. 책을 읽다가 등이 가려워 잠시 긁는다고 해서 오래 하는 힘이 부족하다고 생각하지 않는다. 홈쇼핑 채널을 시청하며

오래 하는 힘

"품절 1분 전"이라는 쇼호스트의 말에 구매 버튼을 재빨리 누른다고 해서 오래 하는 힘이 부족하다고 생각하지 않는다. 엘리베이터가 고장 날까 봐 계단을 이용한다고 해서 오래 하는 힘이 부족하다고 생각하지 않는다. 엄마가 깨우지 않아 지각했다는 핑계를 댄다고 해서 오래 하는 힘이 부족하다고 생각하지 않는다.

이런 일은 일상생활에서 흔히 일어난다. 너무나 자연스러워서 우리는 의식하지 않고 행동한다. 또 이러한 행동이 문제라고 인식하더라도 많은 사람은 그 원인을 내부보다 외부 환경의 문제, 타인의 문제로 돌려버리곤 한다. 그러니 문제의 근원을 찾는 출발부터 삐걱거릴 수밖에 없다.

현대의학은 감기와 암처럼 인류를 괴롭히는 몇 가지 질병의 원인을 밝혀내지 못하고 있다. 원인을 모르기 때문에 치료의 중심은 아직도 '증상 완화'에 머물러 있다. 따라서 인류는 감기에 걸려 고생하고 암으로 고통받으며 죽어간다. 중요한 사실은 원인을 파악해야 한다는 점이다. 원인을 밝혀내면 질병의 고통에서 벗어날 수 있다.

우리는 오래 하지 못하는 습관을 심각한 문제로 생각하지 않는다. 내 인생을 180도 바꿀 수 있는데도 그냥 그렇게 살아간다. 오래 하지 못하는 습관은 누구나 고칠 수 있다. 원인을 알면 해답을 찾을 수 있다. 오래 하는 힘을 기른 후 펼쳐질 당신의 삶을 그려 보라. 지금보다 훨씬 멋진 삶이 당신을 기다리고 있을 것이다.

인간은 뇌의 20% 정도만 사용하다가 죽는다고 한다. 하지만 그것은 진실이 아니다. 우리의 뇌는 그렇게 비효율적으로 움직이지 않는다. 즉 사용하지도 못할 쓸데없는 영역을 만들지 않는다. 뇌는 어떤 일에 집중할 때 나머지 회로를 잠재우는 능력을 갖추고 있다. 하나의 목표에 집중할 수 있도록 다른 기능을 잠시 꺼두는 것이다.

각 신경의 연결은 끊어졌다 이어지기를 반복한다. 그 연결은 인간이 감지할 수 없는 속도로 빠르게 일어난다. 지금 당신이 이 책을 읽는 순간에도 연결은 계속 일어나고 있다.

인간의 뇌신경이 100% 연결되어 있다고 가정하면 우리는 어떠한 변화도 이루어낼 수 없다. 새로운 것을 받아들일 때 쓸 새로운 신경회로가 없기 때문이다. 그렇게 되면 인간은 로봇과 다를 게 없게 된다. 하지만 알다시피 인간은 기계가 아니다.

뇌는 자기 능력을 20%만 발휘하지 않는다. 효용성을 100% 발휘하기 위해 신경회로를 선택하여 사용할 뿐이다. 즉 어떤 회로는 끄고 어떤 회로는 활성화하여 놀라운 일을 이루어낸다. 우리는 이러한 회로의 배치와 연결을 어떻게 최적 상태로 만들지 고민해야 한다. 다행스럽게도 그런 일은 노력으로 충분히 이룰 수 있다.

평소 무심코 한 행동의 집합체가 바로 나 자신이다. 잘못된 행동을 인식하고 바로잡는다면 오래 하는 힘을 기르는 지름길을 찾은 것과 같다. 뇌가 어떻게 작동하는지 제대로 알면 잘못된 습관을 바로 잡을 수 있다.

오래 하는 힘

열정과 끈기로 성공을 이룬 사람들 4

성공은 나이와 상관없이 찾아온다는 것을 보여 준 레이 크록

패스트푸드 하면 가장 먼저 떠오르는 식품이 있다. 바로 맥도널드 햄버거다. 태평양을 건너온 식품이 우리에게 친숙한 이유는 한 사람의 끈질긴 노력이 있었기 때문이다. 그 사람은 바로 맥도널드를 세계적인 음식으로 만든 레이 크록이다. 그는 50대 전까지 별 볼일 없는 세일즈맨이었다. 보통 사람들이라면 은퇴를 생각할 나이에 그는 성공의 열쇠를 찾았고 끝까지 밀어붙였다.

그런데 맥도널드 햄버거를 처음 만든 사람은 레이 크록이 아니다. 레이 크록은 밀크셰이크 외판원이었다. 밀크셰이크는 수요가 많은 제품이 아니었기 때문에 레이 크록은 판매에 애를 먹고 있었다. 그러던 어느 날 밀크셰이크 기계를 대량으로 주문한 업체가 나타났다. 레이 크록은 어떤 가게인지 몹시 궁금해서 직접 제품을 들고 찾아가 보기로 마음먹었다. 그가 찾아간 곳은 자그마한 맥도널드 햄버거 가게였다. 레이 크록은 빠르고 간편하게 먹을 수 있는 시스템에 마음이 끌렸다. 곧장 가게 주인인 맥도널드 형제와 만나 전국으로 매장을 확대하려는 계획을 논의했다. 하지만 맥도널드 형제는 크록의 제안을 탐탁지 않게 여겼다. 그래도 크록은 포기하지 않고 끈질기게 그들을 설득해 결국 승낙을 얻어냈다. 그때 나이가 52세였다.

맥도널드 형제의 허락이 떨어지자마자 크록은 지체하지 않고 사업에 박차를 가했다. 1955년 4월 드디어 맥도널드 햄버거 1호점이 탄생했다. 하지만 그의 사업 수완이 마음에 들지 않았던 맥도널드 형제와 계속 마찰을 빚는다. 결국 그들 사이는 틀어졌지만 레이 크록은 포기하지 않고 사업을 밀어붙였다. 마침내 그는 맥도널드 형제에게서 사업권을 인수하였다. 그가 사망한 1984년에는 전 세계 34개국에 8,300여 개 매장이 지어질 정도로 엄청난 발전을 이룩했다. 52세부터 81세까지 레이 크록은 단 한순간도 쉬지 않고 맥도널드의 최고 자리를 지켰다.

많은 나이에도 불구하고 지칠 줄 모르는 추진력과 끈기를 바탕으로 인생 후반기를 화려하게 장식했던 레이 크록의 사례에서 주목해야 할 점은, 주문한 밀크셰이크 기계를 들고 처음 맥도널드 가게에 도착했을 때 그는 당뇨와 관절염으로 고생하는 중년의 남자였다는 점이다. 나이가 많다고 해서 기회가 없는 것은 아니다. 기회란 나이와 상관없이 찾아온다. 중요한 것은 찾아온 기회를 포기하지 않고 꾸준하게 밀고 나가는 것이다. 포기하지만 않는다면 성공은 언제나 당신 편이라는 사실을 잊지 않아야 한다. 레이 크록은 성공의 비결을 이렇게 말했다. "그 어떤 개척 정신이나 위대한 도전 정신도 끈기라는 힘이 뒷받침되지 않으면 힘을 발휘할 수 없다."

포기하지 않는 실패는 성공의 다른 이름이다 제임스 다이슨

얼핏 듣기에 생소한 이름인 제임스 다이슨은 주부들에게 매우 친숙한 이름이다. 제임스 다이슨이 자신의 이름을 걸고 만든 진공청소기 때문이다. 제임스 다이슨은 영국의 스티브 잡스로 불릴 만큼 혁신적 아이디어의 상징으로 떠오른 인물이다. 그러나 그의 혁신적 아이디어는 수많은 실패에서 탄생한 것이었다. 그는 "내 성공의 비결은 사람들이 매일 사용하고 그래서 더 이상 개선의 여지가 없다고 생각했던 제품을 끈질기게 관찰한 데 있다."고 말했다. 다이슨은 아무리 완벽한 제품이라도 끈질기게 들여다보면 거기에서 또 다른 가능성을 발견할 것이라고 확신했다. 획기적인 다이슨 청소기가 탄생하게 된 배경에는 이처럼 다이슨의 끈질긴 노력과 피 말리는 실패가 함께했다.

그는 마구간에 실험실을 차린 다음 녹초가 될 때까지 연구하고 또 연구했다. 실패가 되풀이되었고 어쩌면 영원히 실험만 하다가 끝날지도 모른다는 공포감에 사로잡히기도 했지만, 다이슨은 자신이 실패자가 되리라 생각한 적은 단 한 번도 없었기 때문에 포기하지 않고 실험을 계속했다. 그로부터 5년이 지난 어느 날, 마침내 그의 실험은 결실을 보았다. 흡입력과 공기정화 기능까지 갖춘 진공청소기가 탄생한 것이다. 다이슨은 계속 승승장구하며 가전업체의 새로운 강자로 떠올랐으며, 날개 없는 선풍기 등 혁신적 제품을 계속 선보이면서 성공한 기업가들과 어깨를 나란히 하게 되었다.

제임스 다이슨은 실패를 최고의 성공 요인으로 삼았다. 그가 진공청소기를 개발하기까지 경험한 실패는 무려 5,126번에 달했다. 하지만 그는 절대 포기하지 않았다. 그 도전 정신은 현재 다이슨사의 핵심 경영 원칙이기도 하다. 그는 늘 직원들에게 실패를 권한다. 실패하더라도 포기하지 않는다면 그것이 바로 성공에 이르는 길이라고 강조한다.

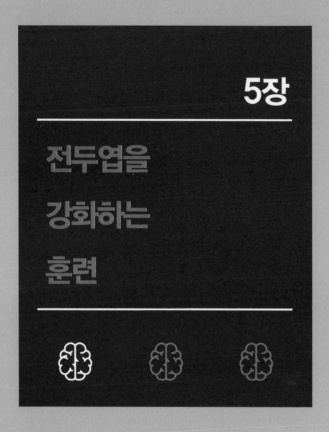

5장

전두엽을 강화하는 훈련

우리는 전두엽을 활용해 오래 하는 힘을 키워야 한다는 사실을 배웠다. 전두엽을 건강하게 만드는 것은 오래 하는 힘을 키우는 기본을 다지는 일이다. 이제 전두엽을 어떻게 강화할지 자세히 알아볼 차례다.

38

뇌가 얼마나 연약한지 알아야 한다
– 뇌에 대한 인식

전두엽을 강화하는 훈련을 알아보기 전에, 평소 우리가 뇌를 어떻게 생각하는지 살펴보자. 우리는 뇌를 소홀히 여긴다. 누구도 평소에 뇌를 아끼거나 보호하려 들지 않는다. 뇌를 다쳐 병원에 실려가기 전까지 아무도 뇌의 중요성을 인식하지 않는다.

교통사고로 뇌를 다쳐 생명이 위태로운 상태만이 뇌에 악영향을 미치는 것은 아니다. 무심코 하는 행동이 뇌를 상하게 만든다. 뇌는 두개골로 덮여 있기 때문에 안전하다고 생각하는데, 결코 그렇지 않다. 뇌를 보호하는 두개골이 오히려 뇌에 손상을 입힐 수 있다.

자동차 에어백은 사고를 당할 때 몸을 보호하기 위해 만들어진 안전장치다. 그런데 에어백 때문에 부상을 당하기도 한다. 안경 쓴 운전자는 에어백이 터지면서 안경이 깨져 눈을 다칠 수 있다. 에어백 때문에 안면 골절상을 당할 수 있으며, 목에 심각한 부상을 입

오래 하는 힘

을 수 있다. 물론 에어백이 없으면 목숨을 잃을지 모르니 그 정도 부상은 목숨과 바꿀만하다고 생각할 수 있다. 목숨보다 중요한 것은 없지만, 목숨 대신 선택한 삶이 불행하다면 그것 역시 원치 않은 결과가 아닐까?

다시 뇌로 돌아가 보자. 뇌는 매우 부드러운 물질로 만들어졌다. 삶은 계란이나 두부처럼 아주 말랑말랑하다. 외부 충격으로 두개골이 손상되면 두개골에서 빠져나온 작은 뼛조각들이 뇌에 손상을 입힐 수 있다. 따라서 아주 경미한 사고도 결코 가볍게 넘겨서는 안된다. 어느 날, 미국의 유명한 신경과학자이자 정신과 전문의 다니엘 G 에이멘에게 쌍둥이 자매가 찾아왔다. 쌍둥이의 언니는 행복하게 살고 있었다. 자식을 셋 낳고 사는 그녀에게는 어떤 문제도 없었다. 반면 쌍둥이의 동생은 우울증을 앓고 있어 인간관계가 원만하지 못했다. 쌍둥이인데 왜 이렇게 다를까?

에이멘 교수는 쌍둥이의 뇌를 단일광자방출 컴퓨터단층촬영(SPECT) 장비로 촬영해 보았다. 뜻밖에도 같은 유전자를 가진 쌍둥이의 뇌는 전혀 다른 양상을 보였다. 행복하게 사는 언니의 뇌는 아주 매끄러웠다. 반면에 불행하게 사는 동생의 뇌는 그렇지 못했다. 전두엽과 측두엽이 매우 울퉁불퉁했다. 울퉁불퉁하다는 것은 뇌의 활동성이 현저하게 떨어져 있음을 의미한다. 에이멘 교수가 동생에게 "뇌에 부상을 당한 적이 있었느냐?"고 묻자 동생은 없다고 말했다. 하지만 언니는 어렸을 때 동생이 침대에서 떨어진 적이 있다고 기억했다.[1]

쌍둥이 자매의 사례에서 알 수 있는 것은, 기억하지 못할 정도로 경미한 부상조차 같은 유전자를 가지고 태어난 쌍둥이의 삶을 다르게 만들 수 있다는 사실이다. 우리는 뇌에 대한 인식을 바꿔야 한다. 뇌는 단단한 구조물이 아니라 매우 연약한 물질이라는 사실을 명심해야 한다.

뇌는 신체 부위 중에서도 가장 꼭대기에 위치하고 있다. 양 끝에 위치한 머리와 다리는 다른 부위에 비해 외상을 자주 입는다. 아무리 좋은 생활습관을 가지고 뇌를 단련한다 해도 외부 충격에 소홀히 대비한다면 아무런 소용이 없다. 따라서 제일 먼저 외부 충격에서 뇌를 지켜야 한다. 그러기 위해서는 평소에 뇌를 보호하는 생활습관을 갖는 것이 중요하다. 오토바이를 탈 때는 반드시 헬멧을 착용해야 한다. 자전거 역시 마찬가지다. 수영장에서는 절대로 다이빙을 하지 않아야 한다. 잘못된 다이빙으로 삶을 망치는 경우가 심심치 않게 발생한다. 전방 주시 소홀 역시 뇌를 상하게 할 수 있으므로 걸으면서 문자를 주고받거나 스마트폰으로 검색하는 행동은 삼가야 한다. 승용차에 타고 내릴 때도 문에 부딪치지 않도록 신경 써야 한다. 의외로 승용차 문에 머리를 찧는 일이 많이 일어난다. 집안 가구들도 신경 써야 한다. 열린 가구 문에 머리를 부딪치는 사고 역시 종종 발생한다. 어린아이가 있는 가정이라면 특히 주의해야 한다. 이외에도 머리를 보호할 수 있는 방법을 스스로 찾아보고 잘 실천하기 바란다.

오래 하는 힘

39

꿀밤 때리기는 이제 그만
– 뇌에 영향을 미치는 행동

그렇다면 어떤 행동이 뇌에 좋지 않은 영향을 끼치는지 알아보자. 적당한 운동은 몸과 마음을 튼튼하게 해 준다. 하지만 어디까지나 적당한 운동이어야만 한다. 축구나 복싱, 야구 같은 운동은 뇌에 무리를 줄 수 있으니 주의해야 한다.

축구는 발로만 하는 스포츠가 아니다. 손을 빼고 신체의 모든 부위를 사용하는 스포츠다. 발 다음으로 많이 사용하는 부위가 머리다. 축구는 머리에 지속적으로 충격을 가한다. 물론 축구를 하는 모든 사람이 치명적인 뇌 질환을 앓게 되는 건 아니다. 하지만 그 확률을 높일 수 있다는 사실은 의심할 여지가 없다. 그리고 여기서 유의할 점은 반드시 치명적 질환을 앓아야 문제가 있다고 생각하는 사고방식이다. 뇌에 지속되는 충격만으로도 판단력, 참을성, 계획하고 사고하는 능력이 떨어질 수 있다. 눈덩이는 굴리면 굴릴수록 커진다. 뇌에 경미한 충격이 반복되면 돌이킬 수 없는 상황을 맞을 수 있다는 점을 명심해야 한다. 뇌에 경미한 부상이란 있을 수 없다.

복싱은 두말할 필요도 없이 뇌에 큰 문제를 일으킨다. 무하마드 알리가 말과 행동이 부자연스러워지는 파킨슨병에 시달리다 세상을 떠난 것만 봐도 뇌에 지속적으로 가해지는 충격이 얼마나 무서운 결과를 초래하는지 알 수 있다. 한때 복싱선수였으며 은퇴 후 세자르 차베스, 매니 파퀴아오 같은 불세출의 복싱선수를 키워낸 전설의 트레이너 프레디 로치 역시 파킨슨병으로 선수 생활을 마감했다.

야구는 축구나 복싱에 비해 뇌에 충격을 덜 주는 종목이라고 생각할지 모르겠다. 하지만 야구에서도 투수가 던진 공에 머리를 맞아 뇌진탕을 일으키는 경우가 종종 발생한다. 다시 한번 말하지만 경미하다고 생각하기 쉬운 가벼운 충격조차 뇌에 좋지 않은 영향을 미친다는 사실을 깨달아야 한다.

뇌를 괴롭히는 또 다른 요인에 대해 알아볼 차례다. 우리가 무심코 하는 행동 중에 뇌에 악영향을 미치는 습관이 두 가지 있다. 바로 흡연과 음주다.

아무도 담배를 피우면서 뇌를 걱정하지 않는다. 술 역시 마찬가지다. 특히 대한민국 사람들은 술을 무척 많이 마신다. 한 잔의 술이 시름을 달래 줄지는 몰라도 뇌에 영구적 손상을 입힌다. 알코올은 뇌에 치명적 악영향을 미치는 대표 물질이다. 알코올은 전두엽의 활동성을 떨어뜨린다.[2] 따라서 판단력을 잃고 어리석은 행동을

오래 하는 힘

하게 만든다. 알코올은 해마에도 영향을 끼쳐 기억력 장애를 일으키기 때문에 단기 기억 상실증에 걸리기 쉽다. 술을 마시면 기억이 잘 나지 않는다는 사람이 많은데, 흔히 필름이 끊기는 현상이 일어나는 이유가 여기에 있다. 알코올에 중독되면 뇌의 크기는 점점 작아진다.[3] 뉴런의 활동성이 떨어지기 때문이다. 뉴런과 뉴런의 연결이 끊어지면 결국 자아를 깨닫지 못하는 지경에 이르고 몽환적 삶 속에서 허우적거리다가 생을 마칠 확률이 높다. 뇌가 원활하게 작동하지 않으면 사람은 동물보다 못하게 살 수도 있다.

담배도 치명적이다. 담배는 뇌로 가는 혈류량을 감소시키며, 이는 뇌에 심각한 문제를 야기한다. 혈액은 우리 몸에 산소와 영양분을 공급하는데, 깨끗한 산소와 영양분이 공급되지 않을 때 뇌는 점점 늙는다. 노화는 신체의 모든 활동을 정지시킬 수 있다.

이제 당신의 뇌는 안녕한지 스스로 되돌아볼 차례다. 만약 당신의 뇌가 위험에 닥칠 환경에 놓여 있다면 그 환경을 즉각 바꿔야 한다. 그것이 어렵다면 최소한의 방비쯤은 해 놓아야 한다. 예를 들면, 휴대폰을 보다가 앞을 보지 않아 일어나는 사고가 의외로 많다. 그런 사고를 막으려면 걸어가면서 휴대폰을 보지 않아야 한다.

이제부터 전두엽을 어떻게 훈련시켜야 하는지 알아보자. 건강한 전두엽이 없는 한 변화를 위한 도전은 공허한 메아리에 불과하다. 전두엽 강화 훈련을 꾸준하게 실천하는 일은 오래 하는 힘을 키워 성공하는 삶을 영위하는 데 매우 중요한 활동임을 잊지 않아야 한다.

40

전두엽 강화의 최고 수단
─ 새로운 것 배우기

1장에서 말했듯이 건강한 뇌를 만들려면 새로운 신경회로를 많이 만들어야 한다. 말하자면 전두엽 강화의 첫 번째 핵심은 뉴런 연결, 즉 풍부한 뉴런 회로를 보유하는 것이다. 1장에서 새로운 것을 배울 때, 새로운 경험이 자극을 줄 때 뉴런은 발화한다고 했는데, 뉴런 연결은 새로운 자극에서 시작된다. 외부 자극을 가장 먼저 받아들이는 곳은 전두엽이다. 전두엽은 새로운 것을 받아들여서 새로운 뉴런 연결을 만들어낸다. 새로운 환경이나 자극이 중단되면 전두엽의 가장 핵심 업무가 사라져 버린 것과 같다.

두 번째 핵심은 뇌에 필요한 영양분을 공급하는 일이다. 영양분 공급은 혈액이 담당하므로 혈액의 흐름, 즉 혈류량을 원활하게 만들어 주는 것이 중요하다. 뇌 과학자들은 새로운 것을 받아들일 때 전두엽에서 혈류량이 증가한다는 사실을 알아냈다. 결국 새로운 뉴

오래 하는 힘

런 연결 및 혈류량을 증가하기 위한 최고 활동은, 끊임없이 새로움을 찾고 경험하고 익히는 것이다.

아쉽게도 많은 사람이 배움에 시기가 있다고 생각한다. 학창 시절 팍팍 돌아가던 뇌가 왜 나이가 들면 느리게 돌아가는 것일까? 정말 뇌의 기능이 떨어진 것일까? 그렇지 않다. 청소년기에 머리가 잘 돌아가는 이유는 매일 새로운 것을 학습하기 때문이다. 청소년기의 전두엽은 새로운 뉴런의 연결을 만들어내느라 쉴 새 없이 바쁘다. 하지만 성인이 되면 뭔가를 새롭게 배우기보다 기존에 배운 것을 활용하는 데 많은 시간을 보낸다. 원래 가진 신경회로만 사용할 뿐 새로운 신경회로를 만드는 활동을 거의 하지 않는다. 그나마도 자주 쓰는 신경회로는 살아남지만, 자주 쓰지 않는 신경회로는 점점 약해진다. 따라서 전두엽의 기능은 떨어질 수밖에 없다. 결론을 말하면 나이가 들어 뇌의 기능이 떨어지는 것이 아니다. 새로운 것을 추구하지 않기 때문에 뇌에 새로운 뉴런의 연결이 생성되지 않는 것이다.

만카토의 수녀들은 일반인들보다 더 장수하고 치매에 잘 거리지 않는다고 한다. 노트르담 대성당의 메리 수녀는 101세까지 건강하게 살다가 숨을 거두었다. 메리 수녀 사후에 밝혀진 바에 따르면 중증 치매를 의심할 만한 병변이 뇌에서 발견되었다고 한다. 하지만 메리 수녀는 살아 있는 동안 한 번도 치매 증상을 보이지 않았다. 이러한 사실은 무엇을 말하는 것일까? 만카토의 수녀들과 노트르담 대성당 수녀들의 일생을 연구한 학자들은 그들 모두 공부와 토론, 새로운 것을 끊임없이 배우고 연구하는 일에 골몰했다는 것을 알아냈다. 수녀들은 새로운 것을 지속적으로 배우고 경험하여 질병에 노출될 확률을 줄였다. 질환이 찾아와도 증상이 외부로 표출되는 일이 일반인보다 현저히 떨어졌다.

사람들은 대부분의 일상을 반복으로 굳어진 감정 중독 상태에서 보낸다. 새로운 것을 배우려고 노력하기보다 익숙한 것에만 매달려 지내다 보니 전두엽의 활동성이 떨어질 수밖에 없다. 전두엽을 건강하게 만들고 싶다면 지금 당장 새로운 일에 도전장을 내밀어라.

낯선 곳으로 여행하기

낯선 곳으로 떠나는 여행이야말로 전두엽을 자극하는 훌륭한 활동이다. 외국에서 만나는 수많은 사람과 환경은 우리 뇌를 끊임없이 자극한다. 모든 것이 새롭기 때문에 전두엽은 하루의 대부분 반짝반짝 활성화한 상태에 놓인다. 글쓰기는 전두엽을 적극적으로 활용하는 분야 중 하나다. 작가들은 좋은 글 또는 영감을 얻기 위해 새로운 환경을 찾아 떠난다.

가만히 책상에 앉아만 있어서는 새로운 아이디어가 떠오르지 않는다. 우리는 흔히 이렇게 말한다. "머리도 식힐 겸 어디 여행 좀 다녀와." 여행은 미처 생각하지 못한 아이디어를 떠올리게 만든다. 전두엽이 새로운 것을 받아들이면서 활성화하여 사고의 폭이 넓어지기 때문이다.

머나먼 외국으로 떠나는 여행도 좋지만 상황이 여의치 않다면 국내에서도 얼마든지 가능하다. 대한민국 땅이 아무리 좁다 해도 구석구석 모든 곳을 둘러볼 수 없다. 주위에는 아직도 우리가 가보지 못한 여행지가 많다. 자가용이나 렌터카를 이용할 예정이라면 내비게이션보다 지도책을 활용하자. 수동적으로 움직이기보다는 능동적으로 행동할 때 전두엽이 더욱 활성화하기 때문이다. 더 미루지 말고 낯선 곳으로 떠날 준비를 해 보자. 가보지 않은 곳이라면 어디든 좋다.

취미 활동 갖기

평범하게 사는 사람들이 가장 쉽게 새로움을 접할 수 있는 기회가 바로 취미 활동이다. 평소 경험해 보고 싶은 분야라면 어떤 것이든 좋다. 또 한 가지만 고집하지 말고 여러 가지를 두루 경험하는 것이 좋다. 취미 활동이 유익한 이유는 새로운 경험을 한다는 것 외에도 새로운 사람들과 접촉할 수 있는 기회가 많아진다는 점이다. 새로운 사람들과의 만남은 새로운 것을 경험하는 것만큼 중요한 활동이다. 그런 점에서 취미 활동은 공감대가 같은 사람과 사람을 연결해 준다. 여러 취미 중에 내가 추천하는 것은 보드게임이다. 보드게임은 남녀노소 누구나 참여해서 느긋하게 즐길 수 있는 놀이다. 게임 규칙을 익혀야 하고, 전략을 세워야 하며, 옆에 있는 상대와 협동하거나 대결해야 한다. 게임 종류도 수천 가지가 되기 때문에 얼마든지 새로운 게임을 배우고 익힐 수 있다.

게임을 익히고 전략을 세우는 동안 가장 많이 사용하는 부분이 바로 전두엽이다. 다양한 보드게임을 즐기는 것은 전두엽을 건강하게 하는 훌륭한 방법이다. 앞서 이야기한 메리 수녀나 만카토 수녀들이 많이 한 활동 중에는 카드 게임과 퍼즐 놀이도 포함되어 있었다. 그 외에도 전두엽을 활성화하는 데 도움이 되는 취미 활동으로 댄스, 우쿨렐레, 요가, 요리, DIY가 있다.

환경에 변화 주기

살다 보면 생각이 꽉 막히거나 멍해지는 경험을 할 때가 있다. 이는 전두엽의 활동성이 떨어져 있다는 신호다. 같은 장소, 같은 생각, 같은 패턴으로 생활하면 전두엽은 설 자리를 잃고 방황하게 된다. 유연한 사고는 전두엽이 활발하게 움직일 때 발휘된다. 이럴 때 사소하지만 꽉 막힌 전두엽을 활성화할 방법이 있다.

내가 아는 지인은 한 달에 적어도 한 번 이상 책상이나 침대 등 가구의 배치를 바꾼다. 그러고 나면 막혀 있던 생각이나 떠오르지 않던 아이디어가 갑자기 드러나 자신을 위기에서 구해 준다고 말한다. 지인이 그렇게 말할 때마다 나는 그것이 우연이 아니라고 말했다. 전두엽은 새로운 것을 받아들일 때 가장 활성화하므로 작은 변화라도 전두엽을 자극하고 강화하는 데 도움이 되기 때문에 사고가 유연해질 수 있다고 설명해 주었다.

전두엽을 강화하는 일은 작은 변화에서 비롯된다. 그렇다면 우리가 일상생활에서 실천할 수 있는 활동에는 어떤 것이 있을까? 앞서 이야기한 집안 배치 바꾸기 외에도 라디오 듣기, 평소 차로 다니던

길 걸어서 가기, 대중교통 이용하기, 전화번호를 저장하지 않고 최대한 외우기, 하루에 감사의 말 열 번 이상 하기, 새로운 모임에 가입하거나 참여하여 새로운 사람 만나기, 주변에 안 가본 길이나 장소가 있다면 찾아가기, 왼손으로 글쓰기, 왼손으로 밥 먹기, 같은 길을 두 번 이상 가지 않기(목적지로 가기 위해 A코스를 두 번 이용했다면 다음에는 B코스나 C코스를 이용하는 식) 등이 있다.

아주 작은 변화만으로도 전두엽을 활성화할 수 있다. 중요한 것은 최소한 한 가지 이상씩 매일 꾸준히 실천하는 것이다. 전두엽이 활발하게 활동하는 상태에서 하루하루를 보낸다면 올바르게 판단할 확률이 높아진다. 사람은 시시각각 판단하고 결정해야 한다. 그때 어떤 결정을 내리느냐에 따라 삶이 바뀐다.

끊임없이 학습하기

새로움을 향한 열정을 가로막는 것은 무엇일까? 놀랍게도 그것은 바로 교육이다. 인간은 동물과 달리 새로운 일에 도전하기보다 익숙한 것에 머물기를 좋아한다. 원숭이는 자신의 조상이 획득한 지식을 후대에 물려주는 기술을 발달시키지 못했기 때문에 다 자란 성체 원숭이라 해도 계속 학습하여 호기심을 채워 나간다. 하지만 인간은 지식을 언어와 문자로 후손에게 전해 준다. 아이러니하게도 조상 대대로 물려받은 지식 덕분에 인간은 이미 아는 것을 선호한다. 그 지식에서 조금이라도 벗어나면 두려움이나 의구심을 먼저 갖는다.

절대불변의 진리가 있다고 생각해서는 안 된다. 물론 영원불변한 지식이 있다. 그러나 그것도 시간이 지나면 변하기 마련이다. 뇌 관련 분야만 하더라도 과거에는 국재론이라 불리는 이론, 즉 뇌가 고정되었다는 이론이 정설로 받아들여졌지만 지금은 그 가설이 틀렸음이 증명되었다. 인류는 오랫동안 지구가 평평하다고 생각했다. 지금은 초등학생도 지구가 둥글다는 것을 알고 있다. 과거의 이론이 변함없이 옳을 수만은 없다. 우리가 배워 온 지식은 언제든지 뒤바뀔 수 있다.

우리는 새로운 변화와 정보를 끊임없이 탐구하고 배워야 한다. 과거의 이론이나 지식에 사로잡히면 변화를 두려워하고 틀에 박힌 생각만 하고 살게 된다. 학습에 때가 있다고 생각해서는 안 된다. 항상 새로운 것을 배우려고 노력해야 한다. 예를 들어 어떤 언어든 상관없이 외국어를 배워 보자. 일본어와 영어를 잘한다면 스페인어와 프랑스어를 배워 보자. 모국어를 사용할 때보다 새로운 언어를 배우고 사용할 때 뇌는 더 많이 활성화한다. 컴퓨터가 서툴다면 컴퓨터를 배우는 것도 좋다. 포토샵, 워드프로세서, 엑셀, 파워포인트 등 컴퓨터 관련 분야만 해도 배울 것이 엄청 많다.

지금 유행하는 것이 무엇인지 파악하는 것도 중요하다. 얼마 전까지만 해도 블로그나 카페를 통해 많은 사람이 정보를 공유했다. 지금은 유튜브라는 동영상 채널을 통해 많은 사람이 자신의 의견과 생각을 드러내고 있다. 유튜브를 하려면 배워야 할 것이 많기 때문에 학습이 필수다. 더군다나 자기의 생각을 말로 전달함으로써

　　　　　　　　　　　　　　오래 하는 힘

전두엽을 적극 활용할 수 있다는 장점도 가지고 있다. 유튜브를 공부하고 활용해 보자.

시시각각 변하는 요즘 시대에 배움에는 끝이 없으며, 주위에는 언제나 배워야 할 것들로 넘쳐난다. 나도 뇌에 대해 끊임없이 공부하고 연구하는데, 이러한 배움은 전두엽을 활성화하여 항상 건강한 상태를 유지하도록 해 준다. 정신 활동이 활발한 사람은 그렇지 않은 사람에 비해 훨씬 더 오래 건강을 유지하며 살 확률이 높다.

전두엽은 전기와 같다. 산업 시설은 전기 없이 작동할 수 없다. 단 1분만 정전이 돼도 산업 시설은 큰 타격을 입는다. 그래서 비상용 발전기로 예비 전력을 준비해 둔다. 언제 발생할지 모를 정전 사태에 대비하기 위해서다. 새로운 것을 배우고 도전하고 학습하는 것은 전두엽에 예비 전력을 갖추는 것과 같다.

전두엽은 항상 켜져 있어야 한다. 전두엽이 꺼져 있을 때 뇌는 정상으로 작동하지 않는다. 외부에서 얻는 경험이나 지식은 시냅스 활동을 활발하게 만들어 주는 발전기 역할을 한다. 건강한 전두엽을 만들기 위해서는 새로운 경험을 끊임없이 뇌에 제공해야 한다. 뇌는 언제나 새로운 것을 받아들일 준비가 되어 있으며, 당신이 경험한 풍부한 자극은 전두엽을 활성화하는 원동력이 될 것이다.

전두엽을 강화하는 가장 기본적이고 중요한 활동에 대하여 알아보았다. 꼭 실천하기 바란다. 분명 놀라운 경험을 하게 될 것이다. 이밖에도 일상생활 속에서 전두엽을 활성화하는 방법이 많다. 어떤 것들이 있는지 좀 더 알아보도록 하자.

41

명상을 해야 하는 이유
– 전두엽 능력 끌어올리기

2004년 마인드 앤 라이프 재단과 위스콘신 대학 리처드 데이비슨 박사는 티베트의 정신적 지주 달라이 라마의 후원을 받아 티베트 승려 175명을 대상으로 명상의 효과를 실험했다. 이 실험은 명상이 뇌에 어떠한 영향을 미치는지 조사하고, 명상이 삶의 질을 얼마나 개선하는지 알아보는 의미 있는 실험이었다.

연구팀은 승려들이 명상할 때 뇌에 어떤 변화가 일어나는지 MRI(자기공명영상)로 촬영하기 시작했다. 실험 결과는 놀라웠다. 승려들이 명상하는 동안 전두엽의 활동이 어마어마하게 활발해졌다. 이는 일반인이 집중할 때 나타나는 전두엽의 활동과 비교조차 되지 않은 차이였다.[4] 이렇듯 명상은 전두엽의 능력을 끌어올리는 데 효과가 좋은 방법이다. 그러나 명상이 좋은 이유는 집중력 외에도 여러 가지가 있다.

오래 하는 힘

UCLA 연구진은 명상을 한 사람들은 전두엽과 더불어 해마도 커진다는 사실을 밝혀냈다. 따라서 명상은 학습 능력과 기억에도 좋은 영향을 미친다. 해마는 기억을 담당하는 기관이다. 단기 기억과 장기 기억이라는 중요한 과제를 수행하는 해마 덕분에 우리는 미래를 예측할 수 있다. 즉 같은 실수를 되풀이하지 않는 이유는 해마가 그 실수를 장기 기억에 저장하기 때문이다. 전두엽은 해마의 장기 기억에 저장되어 있는 과거의 실수를 끄집어내 분석한 후, 같은 실수를 다시 하지 않도록 생각을 조정한다. 무엇보다 해마의 중요성은 우리가 미래에 되고 싶은 것을 상상하고 그에 따른 결과(보상)를 현재에 투영하도록 해 주는 데 있다.

　　영민이는 여름방학이 되자마자 시골 외가에 놀러 갔다. 영민이는 외할머니와 함께 원두막에 앉아 시원한 수박을 먹고 있었다. 할머니가 잠시 자리를 비운 사이 영민이는 단맛에 이끌려 찾아온 벌에 쏘였다. 이 사건 때문에 영민이는 원두막에서 수박을 먹으면 벌에 쏘일 수 있다는 장기 기억을 갖게 되었다. 그것도 아주 강렬한 감정이 동반된 장기 기억을 말이다. 그 후 영민이는 외가에 놀러갈 때면 원두막을 피하려고 한다. 원두막을 보는 것만으로도 실제로 과거에 수박을 먹다가 벌에 쏘였을 때 분비되던 화학물질이 온몸에 퍼져 그때의 고통이 되살아나기 때문이다. 이처럼 고양된 감정을 바탕으로 한 생생한 경험은 해마에 저장된다. 그 후 아픈 기억을 떠올릴 때마다 그때 분비되던 화학물질이 나와 결과를 미리 예측할 수 있게 한다.

전두엽의 활동성이 높다는 것은 변연계를 조절하는 기능이 좋아진다는 의미이다. 변연계 중에서도 편도체는 공포, 슬픔, 불안 등 원초적 감정의 중추다.[5] 그러므로 불안하거나 우울한 상태일 때는 편도체가 활발하게 활동하고 있는 것이다. 명상을 하면 전두엽이 활성화하여 편도체를 포함한 변연계는 잠잠해진다. 알다시피 전두엽은 주의 집중할 수 있도록 다른 기관에서 들어오는 감각을 차단해 주기 때문이다. 따라서 우리는 편도체가 활성화하여 생기는 쓸데없는 걱정이나 불안, 공포에서 벗어날 수 있다.

명상으로 얻을 수 있는 또 다른 이점은 창조 활동이다. 창조적 생각 또는 아이디어는 뇌의 어느 부분에서 비롯되는 것일까? 두말 할 것 없이 전두엽이다. 명상으로 전두엽이 활성화하면 상상력은 무한히 커진다. 그 순간 생존 반응에 의해 살아온 과거의 모습이 사라지고 평소에 생각조차 하지 않던 새로운 아이디어가 샘솟는다.

창조적 생각은 중요하다. 당신이 무엇이 되고 싶은지 마음껏 상상하는 것은 당신이 가진 특권이다. 전두엽은 카드 대금 고지서, 저녁 준비에 대한 고민, 승진과 취업 문제에서 당신을 떼어내 지금 이 순간 당신이 진정 원하는 것이 무엇인지, 되고자 하는 것이 무엇인지 마음껏 상상할 수 있도록 해 준다.

명상에 들어가기 전에 해야 할 일

평소에 생존 반응이 찾아올 때 이를 물리치는 연습을 해야 한다. 이 과정이 이루어지지 않으면 명상이 제대로 되지 않는다. 아무 때

나 명상이 잘 되면 상관없지만 수도자가 아닌 이상 대부분 그렇지 않다. 생존 반응을 통제하지 못하면 명상으로 얻을 것이 없다.

평소에 무의식중에 하던 버릇이나 생각을 객관적으로 관찰했다면, 이제는 이러한 생각을 의식적으로 멀리해야 한다. 급한 성격 때문에 일이 꼬이고 다른 사람을 불편하게 만든다면 어떤 행동이나 결정을 하기 전에 한 번 더 생각하는 습관을 들이는 것이 좋다. 또 남들이나 자신에게 계속 '나는 급하다.'는 최면을 걸어서는 안 된다. "나는 성질이 급한 편이야." "좀 빨리할 수 없겠어?"라고 표현하는 것은 되도록 삼가야 한다.

무의식중에 나타나는 성급한 행동을 잘 관찰해 두었다가 수첩이나 메모장에 기록해 두는 것이 좋다. 예를 들어 밥을 빨리 먹는다든지, 걸음걸이가 빠르다든지, 말이 너무 빨라 상대방이 잘 알아듣지 못해 여러 번 다시 말해 달라고 요청받을 때를 기록한 후, 그 행동이 나타나기 전에 수첩이나 메모장을 들여다보며 고치려고 노력해야 한다. 노트를 들여다보지 않아도 더 이상 과거의 굳어진 행동이 나오지 않을 때까지 반복하는 것이 좋다.

또 다른 방법으로는 머릿속에 걱정거리나 부정적 생각이 떠오를 때마다 노트를 꺼내 그것을 적어보는 것이다. 노트 한가운데 선을 긋고 왼편에 걱정거리를 적는다. 오른쪽에는 그 걱정이 나에게 전혀 도움이 되지 않을뿐더러 걱정한다고 해서 아무것도 해결되지 않는다는 것을 적는다. 또 걱정이 현실이 된다는 보장이 없는데도 불필요한 걱정을 하고 있지 않은지 적어 본다. 부정적 생각이 들 때마다 이 과정을 반복한다. 이렇게 하다 보면 어느새 과거에 얽매이지 않는 자신을 발견할 수 있다. 이제 당신은 명상 중에 떠오르는 쓸데없는 잡념이나 걱정에 사로잡히지 않고 명상에 집중할 수 있게 될 것이다.

명상의 루틴을 만들어야 한다

테니스계의 슈퍼스타 라파엘 나달은 서브를 넣기 전에 하는 일이 있다. 매번 수건으로 땀을 닦고 공을 바닥에 세 번 튀긴 다음 엉덩이에 낀 바지를 뺀다. 어깨와 코를 만진 후 머리를 양쪽 귀 뒤로 쓸어 넘긴다. 나달은 코트에 들어설 때 반드시 오른발부터 내딛는다. 서브를 넣기 전에 또는 코트에 들어설 때 반드시 지키는 이 의식은 나달이 승리하기 위해 꼭 하는 행동이다.

프로야구 삼성라이온즈의 박한이 선수가 타석에 들어섰을 때 하는 행동은 아주 독특하다. 그는 먼저 장갑을 꽉 동여맨다. 그런 다음 점프를 하면서 양발의 먼지를 털어낸다. 헬멧을 이용해 머리를 쓸어 올린 후 왼손으로 엉덩이를 때리고, 배트로 바닥에 오른발과 직각을 이루는 선을 긋는다. 마지막으로 배트를 가볍게 한 번 휘두르면 타격 준비가 모두 끝난다. 이 동작을 하는 데 무려 24초가 걸린다. 라파엘 나달과 박한이 선수의 이런 습관은 상대편에게 짜증을 유발하지만, 자신에게는 아주 중요한 의식이다.

징크스라는 말을 들은 적이 있을 것이다. 메이저리그 보스턴 레드삭스의 '밤비노의 저주'는 전 세계 야구팬들에게 널리 알려진 징크스이다. 보스턴 레드삭스는 베이브 루스(애칭 '밤비노')를 양키스로 보낸 후 2004년 우승을 거머쥐기 전까지 무려 86년간 우승하지 못했다. 징크스가 안 좋은 징조를 뜻한다면 '루틴'은 승리의 방정식이라고 말할 수 있다. 바로 나달과 박한이 선수의 행동이 루틴이다. 루틴은 특정한 행동이 좋은 결과를 가져온다는 믿음에 근거한다.

루틴을 이야기하는 이유는 명상에서도 좋은 결과를 이끌어내기 위한 의식이 필요하기 때문이다. 즉 명상에 들어가기 전에 자기만의 루틴을 만드는 것이 필요하다. 하지만 어떤 사람들은 루틴과 상관없이 언제나 명상에 잠길 수 있다. 이들은 군이 루틴을 만들 필요가 없다. 그러나 명상이 익숙하지 않다면 나만의 명상 루틴을 만드는 것이 좋다.

명상 루틴을 위한 첫 번째 기준 - 시간

먼저 시간에 대해 이야기해 보자. 사람마다 조건과 상황이 다르기 때문에 특정 시간을 강조하는 것은 합당하지 않을지 모른다. 따라서 가장 합리적 방법은 각자가 알아서 정하는 것이다. 여기서는 최적의 시간을 선택하는 데 도움 되는 정보를 주고자 한다.

내가 추천하는 시간대는 새벽이나 이른 아침이다. 안개가 자욱하게 대지를 덮을 때쯤 조용히 일어나 최대한 편안한 자세로 명상하는 것이다. 이때는 세상에서 가장 조용한 시간대이자, 무의식의 세계에서 의식의 세계로 막 돌아오려 하는 지점이다. 아직 완벽하게 의식을 되찾지 않은 상태이므로 이 시간은 명상하기에 좋다. 이른 새벽이나 이른 아침 시간대가 좋은 또 다른 이유는, 무의식중에 해 온 과거의 나쁜 습관을 명상을 통해 재설계하기로 마음먹은 상태에서 하루를 시작할 수 있기 때문이다.

앞에서 이야기한 K의 예를 떠올려 보자. K는 긍정적인 사람이 되고자 했다. 코미디 프로그램을 꼬박꼬박 시청하면서 긍정적 생각을 깃들게 하기 위한 노력을 충실히 했다. 또 남을 긍정적으로 대하면 어떤 일이 일어날지 상상했다.

당신도 명상과 함께 하루를 시작할 필요가 있다. 감사하는 마음으로 상대를 대하기로 했다면 본받을 대상을 정하고 그 대상을 통해 미래의 보상을 선명하게 그려 보자. 그런 다음 하루를 시작하자. 당신이 누구를 만나든지 무슨 일을 하든지 미리 감사하는 마음을 갖고 있으면 상대도 좋은 마음으로 당신을 대할 것이고, 그러면 지금보다 더 좋은 일이 일어날 확률이 높아진다. 감사의 마음을 미리 체험하고 하루 동안 실천함으로써 그 효과를 톡톡히 누릴 수 있게 되는 것이다. 반대로 명상을 했지만 실천이 미흡했다면 명상에 임하는 각오를 새롭게 다지는 계기로 삼을 수도 있다. 단 한 번의 명상으로 자신이 쌓아온 과거의 연결고리가 쉽게 끊어지기를 기대하는 것은 과욕이다.

이른 시간대가 맞지 않는 사람도 분명히 있을 것이다. 그럴 경우 잠들기 직전에 명상을 하는 것도 나쁘지 않다. 그 시간대 역시 의식에서 무의식으로 전환되는 지점이므로 조금 더 쉽게 명상에 들어갈 수 있다.

오래 하는 힘

무엇보다 중요한 것은 명상하는 시간만큼은 누구의 방해도 받아서는 안 된다는 사실이다. 최대한 방해받지 않고 명상에 들어갈 수 있는 시간대를 현명하게 선택해야 한다. 이른 아침이 좋다고 해도 그 시간에 주변 환경이 소란스럽거나 분주하면 다른 시간대를 택하는 것이 좋다.

명상 루틴을 위한 두 번째 기준 – 길이

다음으로 생각할 시간 요소는 '얼마나 오래 명상을 해야 하는가?'이다. 명상 관련 책들을 보면 명상을 얼마나 오래 하는지에 대해 딱히 정해진 규칙이 없음을 알 수 있다. 책에 따라서 15분을 이야기하는 책도 있고, 20분이나 45분 또는 1시간이라고 이야기하는 책도 있다. 왜 그럴까? 명상하는 이유가 제각각 다르기 때문이다. 스님들이 하는 명상은 긴 시간을 요한다. 물리 치료를 위한 명상 역시 짧지 않다.

한 연구 보고서에 의하면 20분 정도의 명상 훈련만으로도 스트레스로 인한 불편한 마음을 충분히 가라앉힐 수 있다고 한다. 당신은 운동선수가 경기에 나가기에 전에 아주 짧은 시간 눈을 감고 중얼거리거나 묵상하는 모습을 본 적이 있을 것이다. 이것 또한 짧은 명상이다. 명상은 누가 하느냐에 따라 30초가 될 수 있고 몇 시간이 될 수 있다. 그러면 우리는 명상하는 데 시간을 얼마나 투자해야 할까?

나쁜 습관의 신경망을 끊어내어 새로운 나를 만들기 위한 명상은 얼마나 해야 되는 것일까? 정답은 당신에게 있다. 사람마다 성격, 정체성, 명상에 임하는 각오, 고치고자 하는 습관의 역사, 스트레스 등이 다르므로 시간을 특정할 수 없다. 여기서 중요한 것은 '얼마나'가 아니라 '언제까지'이다. 즉 어디서 멈추어야 하는지가 더 중요하다.

당신이 앞으로 되고자 하는 이미지를 그렸다면 고양된 감정으로 생생하게 상상하기 시작할 것이다. 그리고 어느 순간 되고자 하는 목표에 이르렀을 때 얻게 될 보상을 선명하게 느낄 때가 올 것이다. 바로 그때가 명상을 멈춰야 하는 지점이다. 하루아침에 그 상태에 도달하기는 어렵다. 꾸준히 하다 보면 어느 순간 선명하게 느껴지는 순간이 다가온다. 그때까지 포기하지 않기를 바란다.

명상 루틴을 위한 세 번째 기준 – 장소

아무런 방해를 받지 않고 편안하게 명상에 잠길 장소를 정하는 일은 시간 못지않게 중요하다. 장소 역시 사람마다 다르다. 명상하기 좋은 장소로 시원한 바닷가를 떠올리는 사람도 있고, 조용한 암자나 교회 또는 성당을 떠올리는 사람도 있을 것이다. 풍경 좋은 한적한 시골 마을도 좋고, 아무도 찾지 않는 무인도라면 기가 막힌 장소가 될 것이다. 하지만 이런 장소는 너무 거창하다. 장소 정하기를 너무 요란하게 할 필요는 없다. 명상은 그렇게 대단한 것이 아니다. 우리는 일상생활에서도 방해받지 않고 명상할 시간과 장소를 충분히 찾을 수 있다.

제일 먼저 화장실이 떠오른다. 누구도 화장실에서 볼일 보는 것을 방해할 사람은 없다. 시끄러운 사무실보다 화장실이 훨씬 더 명상하기 좋은 장소임은 분명하다. 도서관 역시 명상하기에 아주 좋은 장소다. 도서관이 가까이 있다면 더욱 좋다. 예전에는 어땠을지 모르지만, 요즘 새로 생긴 도서관 주변에는 공원이나 산책로가 조성되어 있다. 따라서 조용한 산책로를 따라 걸으며 내가 무엇이 되려고 하는지 그 이미지를 미리 그려 보는 것도 좋다. 그 외에도 주변을 둘러보면 조용한 장소를 얼마든지 찾을 수 있다. 지금 당장 주위를 둘러보기 바란다.

내가 추천하는 장소는 바로 자신의 집이다. 명상은 꾸준히 해야 한다. 그러려면 안정된 장소가 필요한데, 그런 점에서 자신의 집은 단연 최고의 장소다. 명상하기 좋은 시간대가 이른 아침이나 잠들기 직전인 것을 고려해 보면 집보다 훌륭한 장소는 없다.

덧붙이자면 앞에서 말한 대로 명상에 앞서 가볍게 산책하는 것이 좋다. 집과 가까운 곳이라면 어디든지 괜찮다. 10분 정도 명상에 대해 생각하는 것과 그렇지 않은 것은 다른 결과를 낳는다. 내가 무엇이 되고 싶은지 선명하게 그리기 위해 잠깐 사색하는 것은 명상의 효율을 높이는 데 도움이 된다.

적당한 장소를 찾지 못한 사람도 있을 것이다. 그럴 경우 지금 있는 곳에서 잠시 명상을 하도록 하자. 여건이 안 된다고 불가능한 것은 아니다. 중요한 것은 자신의 의지이지 장소나 시간 따위가 아니다. 하고자 한다면 공사장 한가운데서도 못할 것이 없다. 명상이 어렵다면 사색이라도 해 보자. 10분 정도만 할애하면 얼마든지 가능하다. 되고 싶은 사람 또는 갖고 싶은 습관을 생각하면서 10분을 보낸다면 목표에 한 발짝 가까워진 것이다. 꾸준히 하기만 하면 그것이 명상이든 사색이든 중요하지 않다.

명상 루틴을 위한 네 번째 기준 - 분위기

명상을 할 시간과 장소가 확보되었다면 이제부터 환경을 조성해 보자. 명상은 공사장 한가운데서도 의지만 있다면 충분히 할 수 있다고 했다. 화장실에 앉아서도 얼마든지 가능하다. 하지만 그것은 흔치 않은 일이다. 분위기 조성은 그런 상황에 놓이지 않아도 되는 사람들에 대한 이야기이다.

우리는 자기만의 시간과 공간을 찾을 수 있다. 시간과 장소가 모두 준비되면 명상하기 좋은 분위기를 만드는 것이 좋다. 유명한 작가의 책상을 잠시 들여다보자. 주위에 수많은 책이 진열되어 있고, 책상 위에는 새하얀 원고지와 깃털 달린 멋진 펜이 잉크를 한껏 머금은 채 작가의 손에 들려 있다. 책상 한편에는 작가의 고뇌를 달래주는, 김이 모락모락 피어나는 커피 한 잔이 놓여 있고, 멋진 파이프 담배가 작가의 입에 물려 있다. 이윽고 따스한 아침 햇살이 커다란 창문을 통해 들어와 작가의 머리를 맑게 해 준다. 이 모든 것은 멋진 작품을 낳기 위해 존재한다.

분위기는 무슨 일을 하든 능률을 높이는 데 효과가 있다. 그래서 사람들은 분위기를 바꾸거나 환경을 꾸미는 데 시간을 할애한다.

같은 음식을 먹더라도 경치 좋은 곳에서 먹는 것과 먼지 풀풀 나는 지하실 창고에서 먹는 것은 하늘과 땅 차이다.

내가 아는 사람은 명상을 할 때 향기 나는 초를 사용한다. 그분은 반드시 향기 나는 초를 피우고 나서야 안정을 취할 수 있다고 한다. 어떤 사람은 조용한 클래식 음악을 틀어 놓고 명상을 한다. 이것도 괜찮은 방법이다. 물론 가사는 없어야 한다. 좀 요란한 사람은 천연 입욕제를 풀어 놓은 욕조에 몸을 담그기도 한다. 이는 몸을 이완하기에 아주 좋은 방법이다. 이렇게 몸을 이완하고 나면 명상을 할 때 몰입도를 높일 수 있다.

자기만의 방법을 찾아보자. 어떻게 하면 명상을 심도 있게 할 수 있을지 고민해 보자. 하지만 기본에 더 신경을 쓸 필요가 있다. 명상의 효율을 더 높이기 원한다면 집중할 수 있는 여건을 마련해야 한다. 그래서 분위기를 살짝 어둡게 해 주는 것이 좋다. 밤이라면 형광등 대신 스탠드를 활용하거나 촛불을 켜놓는다. 낮이라면 커튼을 쳐서 주위를 어둡게 한다. 또 몸이 편안해야 하기 때문에 방석을 준비하거나 옷차림을 가볍게 하는 것이 좋다.

우리는 주위 환경의 자극에 중독되어 있다. 환경은 사람에게 많은 영향을 끼친다. 환경이 경험이 되고 경험이 나를 만든다. 이제부터는 환경이 주는 자극에 좌우되지 않아야 한다. 오히려 환경을 이용해야 한다. 분위기 조성이 명상의 효율을 높이는 데 큰 도움이 된다는 사실을 명심하자.

명상의 준비 단계는 명상을 진행하는 방법 못지않게 중요하다. 이른 아침이나 잠들기 전에 명상을 하면 좋다. 의식과 무의식이 교차하는 지점이기 때문에 쉽게 명상에 빠져들 수 있다. 명상은 스스로 정한 목표를 이룰 때 얻게 될 보상을 생생하게 느낄 수 있을 때까지 지속해야 한다. 명상을 계속 하다 보면 그 단계에 이르는 시간을 단축할 수 있다. 적합한 장소로는 집이 가장 좋다. 언제든 편안하게 명상할 수 있기 때문이다. 마지막으로 자기만의 분위기를 만드는 것이 중요하다. 명상에 집중할 수 있는 도구(클래식 음악, 향기 나는 초, 천연 입욕제, 방석, 옷차림 등)를 이용하면 효율을 높일 수 있다.

오래 하는 힘

42

걸으면 걸을수록 뇌는 똑똑해진다
– 꾸준한 운동

운동은 전두엽을 건강하게 만드는 데 없어서는 안 될 중요한 요소다. 당신의 하루를 살펴보자. 회사에 출근할 때 승용차를 이용한다. 회사에서 일할 때도 서 있는 시간보다 앉아 있는 시간이 많다. 퇴근 시간이 되면 다시 승용차를 타고 집으로 돌아온다. 저녁을 먹고 소파에 앉아 TV를 보다 잠이 든다. 하루 중 두 다리를 땅에 디딘 횟수가 얼마나 되는지 생각해 본 적이 있는가?

걷기 운동은 뇌로 가는 혈류량을 증가시킨다

먼 옛날 우리 조상은 하루 평균 10~15km를 걸었다고 한다. 지금과 비교해 보면 엄청난 차이가 아닐 수 없다. 운동을 꾸준히 한 사람과 그렇지 않은 사람의 차이는 매우 크다.

과학자들은 외출하지 않은 채 집에서만 생활하는 사람, 일명 '카우치 포테이토'라 불리는 사람을 대상으로 실험을 진행했다. 실험 참가자들은 실험하기 전에 지능 테스트를 받았다. 그 후 20~30분 정도 유산소 운동을 한 후 다시 지능 테스트를 받았다. 결과는 어땠을까? 추론 능력과 주의력, 문제 해결 능력, 기억력 등 모든 지적 능력이 운동하기 전보다 월등히 향상되었다.[6] 유산소 운동이 좋은 이유는 뇌로 가는 혈류량을 증가시키기 때문이다. 산소와 영양분의 공급이 원활해지니 자연히 전두엽의 활동성이 좋아질 수밖에 없다.

인류가 다른 동물과 달리 지적인 생명체로 진화를 거듭한 이유는, 꾸준한 걷기가 뇌로 가는 혈류량을 증가시켰기 때문이다. 다행히 요즘은 걷기 운동으로 건강해지려는 사람을 많이 볼 수 있다. 보통 하루에 1만 보 걷는 것을 권장한다. 나 역시 집에서 가까운 공원을 매일 산책한다. 만 보는 몇 킬로미터나 될까? 정확하게 계산해보지 않았지만 내 기준으로 보면 4~5km다. 우리 집에서 공원까지는 약 1km다. 공원을 몇 바퀴 돌고 집으로 돌아오면 7천 보 정도가 된다. 3km 정도가 7천보쯤 되니 1만 보는 4~5km가 된다. 사람마다 보폭이 다르므로 이 수치는 정확하지 않다. 어쨌든 1만 보는 인류의 조상이 하루에 걸었던 거리에 비하면 한참 못 미치는 수준이다.

실험용 쥐를 대상으로 한 연구 결과에 따르면 운동은 전두엽에 새로운 세포를 생성한다고 한다.[7] 그런데 새로운 자극이 지속되지 않으면 새롭게 만들어진 세포는 4주 정도 생존하다 사라진다. 헵의 이론에 따라 쓰지 않으면 잃기 때문이다. 앞서 이야기한 사람들의 운동 실험에서도 이 원칙은 동일하게 적용된다. 운동을 하다가

오래 하는 힘

중도에 그만둔 경우 지적 능력이 다시 감소한다는 사실이 밝혀졌다. 이런 맥락에서 볼 때 한 번 만들어진 뉴런을 유지하려면 자극 역시 지속되어야 한다는 것을 알 수 있다. 즉 꾸준한 운동이 뒷받침되어야 한다.

유산소 운동은 학습 능력을 높여 준다

존 레이티 박사가 쓴 《운동화 신은 뇌》를 보면, 아이들이 어떻게 운동으로 학습 능력을 끌어 올리는지 알 수 있다. 수학과 과학 성취도 비교 연구로 얻은 결과는, 아시아 학생들이 미국 학생들에 비해 뛰어나다는 점이었다. 하지만 일리노이 주에 있는 한 학교의 학생들은 아시아 학생들보다 뛰어난 성적을 거두었다. 그 이유는 무엇일까? 야간 자율학습 때문이었을까? 아니면 과외 때문이었을까? 모두 틀렸다. 학생들을 특별하게 만든 원인은 운동이었다. 이 학교의 학생들은 매일 1.6km를 같은 속도로 달렸다. 단지 그것뿐이었다.[8] 답은 고강도 유산소 운동에 있었다.

운동을 꾸준히 한 학생의 성적이 그렇지 못한 학생의 성적보다 더 우수하다는 연구 결과가 속속 밝혀지고 있다. 따라서 자녀가 공부 잘하기를 원한다면 학원에 보내기보다 밖에서 열심히 땀을 흘리도록 하는 것이 바람직하다.

테니스, 등산, 달리기, 자전거 타기, 수영, 배드민턴 등이 유산소 운동에 적합하다. 그중에서도 탁구는 많은 이점을 가진 훌륭한 유산소 운동이다. 가까운 곳에 탁구장이 있다면 당장 회원으로 가입하라. 탁구만큼 모든 신체를 움직이게 하는 스포츠는 드물다. 상체는 물론이고 하체 역시 쉴새 없이 움직여야 한다. 따라서 짧은 시간에 유산소 운동을 활발하게 수 있는 종목으로 탁구만 한 것이 없다. 앞에서 언급했듯이 영양분과 산소의 공급을 원활하게 해 주는 유산소 운동은 뇌를 건강하게 하기 위해 반드시 필요하다.

탁구의 또 다른 이점을 살펴보자. 탁구는 뇌를 많이 사용하는 운동이다. 서브를 넣을 때 어느 방향으로 넣을지, 공을 어떻게 회전할지, 세게 때릴 것인지, 구석으로 찔러 넣을지, 어떻게 계획을 세워 게임을 풀어 나갈지 등 쉴 새 없이 집중력과 침착성을 발휘해야 한다. 전두엽을 많이 쓰면 쓸수록 승리할 수 있는 운동이 바로 탁구다.

더불어 탁구는 안전한 스포츠이기도 하다. 탁구공에 맞아 뇌가 손상될 확률은 제로에 가깝다. 축구와 야구와 복싱 못지않게 체력을 소모하면서도 안전하게 즐길 수 있는 탁구야말로 뇌 건강에 적합한 스포츠다. 탁구의 이점은 또 있다. 탁구는 가족이나 연인과 함께 쉽게 즐길 수 있는 스포츠다. 값비싼 장비나 운동복을 사야 할 필요가 없으므로 부담 없이 누구나 마음만 먹으면 할 수 있다.

탁구에 관한 흥미로운 연구 결과가 있다. 일본의 한 연구 기관에서는 탁구를 치기 전과 치고 난 후 뇌의 변화를 조사했다. 조사 결과, 탁구를 치기 전보다 탁구를 10분 정도 치고 난 후 전두엽과 소뇌의 활동성이 눈에 띄게 증가한 것으로 나타났다.[9] 이것만 보더라도 탁구가 얼마나 뇌 건강에 좋은 스포츠인지 알 수 있다.

오래 하는 힘

운동은 질병을 예방하고 극복하게 한다

전두엽에 문제가 생겨 발생한 질환을 치료하는 데 가장 권장되는 치료 방법 역시 운동이다. 특히 전두엽 문제로 생긴 주의력결핍과잉행동장애(ADHD)를 치료하는 데 약물보다 운동이 더 효과 있다는 연구 결과도 있다. 미국의 유명한 수영선수인 마이클 펠프스가 ADHD를 극복할 수 있었던 것은 자신이 가장 좋아하고 잘할 수 있는 수영을 열심히 한 결과였다. 알츠하이머병, 우울증 등 뇌질환을 예방하는 데에도 운동은 중요한 기능을 한다.10) 운동은 질병을 극복하도록 도와주고, 질병을 예방하는 데도 좋은 효과를 발휘한다.

과유불급

모든 운동이 다 좋은 것일까? 위에서 언급했듯 지나친 운동은 오히려 화를 부를 수 있다. 과격한 운동은 뇌를 해칠 수 있다. 지나친 운동은 오히려 지적 능력을 떨어뜨린다. 뇌에 가장 좋은 운동은 유산소 운동이다. 하루에 20~30분 정도만 꾸준히 걸어도 뇌에 좋은 영향을 줄 수 있다. 뇌를 건강하게 만드는 데는 거창한 운동이 필요하지 않다. 누구나 조금만 노력하면 좋은 뇌를 가질 수 있다. 얼마나 기쁜 일인가? 무엇보다 중요한 것은 꾸준함이다. 뉴런 간의 연결을 오래 지속시키기 위해서는 반드시 반복의 힘이 필요하다는 사실을 잊지 말자.

43

뇌는 잘 때 중요한 업무를 처리한다
– 수면이 중요한 이유

잠을 잘 자지 못하면 흔히 말하는 '멍'한 상태가 된다. 멍해진다는 것은 어떤 의미일까? 그것은 뇌의 회로가 제대로 작동하지 못해 인지 능력이 떨어져 있는 상태를 말한다. 불면증은 우울증으로 확대될 가능성이 매우 높다. 뇌의 변연계가 과도하게 활성화하여 나타나는 질병이 우울증이다. 변연계가 이토록 활성화하는 이유는 무엇일까? 그것은 전두엽이 제 기능을 발휘하지 못하기 때문이다. 이성이 감성을 제대로 조절하지 못하면 변연계는 날뛰기 시작한다. 잠을 잘 자지 못하면 전두엽의 활동성이 떨어지고, 변연계의 활동성은 증가한다.

앞서서 수면 중에 뇌가 하는 중요한 역할을 언급한 바 있다. 뇌는 잠자는 동안 일과를 정리하고 분류함으로써 세포를 건강한 상태로 유지한다. 말하자면 뉴런 간의 연결을 더욱 공고히 하는 것이다.11)

오래 하는 힘

그런데 잠을 충분히 자지 못하면 뉴런의 활동이 제대로 이루어지지 못해 문제가 발생한다. 가장 큰 문제는 집중력과 학습 능력을 떨어뜨리고 판단을 흐리게 한다는 것이다. 따라서 새로운 것을 습득하는 데 어려움을 겪는다. 과거의 생존 반응에서 벗어나기 위해 새로운 경험을 해야 하는데, 이미 무뎌진 뇌가 그것을 받아들이지 못한다. 이렇게 되면 결국 과거로 돌아갈 수밖에 없다. 따라서 원하는 것을 얻으려면 잠을 잘 자야 한다.

그렇다면 이렇게 중요한 수면 문제를 어떻게 해결할 수 있을까? 이것 역시 과거의 나를 돌아보는 것에서 시작해야 한다. 나는 앞서 당신이 습관적으로 했던 행동들이 당신을 만들어왔다고 이야기했다. 바로 여기에 답이 있다. 습관처럼 한 행동을 알아차릴 때 불면의 고통에서 해방될 수 있다.

당신은 하루에 담배를 얼마나 피우는지 의식해야 한다. 커피를 마실 때마다 당신이 편안하게 잠들 수 없다는 것을 자각해야 한다. 스트레스를 받을 때마다 건강한 숙면은 포기해야 한다는 것을 인지해야 한다. 잠들기 전에 일어나지 않은 일에 대한 쓸데없는 불안이나 걱정을 떨쳐버려야 한다.

당신의 생활 패턴이 어떤지도 돌아볼 필요가 있다. 야근을 밥 먹듯 하거나 밤낮이 바뀐 생활을 하고 있다면 최대한 빨리 그 생활에서 벗어나야 한다. 당장 별다른 이상을 느끼지 못해도 당신의 뇌는 조금씩 죽어가고 있다는 사실을 알아야 한다. 전두엽을 건강하게 유지하려면 하루에 최소 7시간 이상 자려고 노력해야 한다.

수면하는 데 도움이 되는 방법을 알아보자. 먼저 수면 패턴을 규칙성 있게 유지하는 것이 좋다. 되도록 같은 시간에 자고 같은 시간에 일어나려고 노력해야 한다. 잠자는 공간을 따로 마련해 두는 것도 좋다. 오로지 잠을 자는 장소로만 이용하는 것이다. 되도록 낮잠은 자지 않아야 한다. 잠을 잘 자는 사람의 경우 짧은 낮잠이 오후 활동에 도움이 되지만, 잘 자지 못하는 사람의 경우 낮잠은 밤잠을 방해하는 요인이 된다. 마지막으로 낮에는 반드시 바깥에 나가 햇볕을 쬐도록 하자. 햇볕은 세로토닌이라 불리는 화학물질의 분비를 촉진한다. 세로토닌은 활력을 주는 신경전달물질이다. 세로토닌이 활발히 분비되면 스트레스가 줄어들어 편안하게 잠을 잘 수 있다.12) 따라서 밤에 일하는 직업을 가지고 있다면 낮에 일하는 직업으로 바꾸려고 노력해야 한다.

오래 하는 힘

44

뇌는 어떤 음식을 좋아할까?
– 영양분 섭취

전두엽을 건강하게 만들기 위해 빼놓을 수 없는 것이 영양분 섭취다. 잘 먹어야 한다는 말이다. 여기서 잘 먹는다는 의미는 아무거나 가리지 않고 먹어야 한다는 뜻이 아니라, 뇌에 좋은 음식으로 식단을 잘 꾸려야 한다는 의미이다.

음식이 중요한 이유는 무엇일까? 우리의 몸을 구성하는 세포가 영양분으로 성장하기 때문이다. 우리가 무엇을 먹느냐에 따라 뇌세포의 건강이 결정된다. 다시 말하면 내가 먹은 음식이 바로 '나'를 만드는 것이다. 특히 지방은 뇌에 아주 중요하다. 뇌의 60%는 지방으로 이루어져 있으므로 지방을 섭취하는 일에 신경을 써야 한다.

지방

우리는 지방이 좋지 않다고 생각한다. 반은 맞는 말이다. 몸에 좋지 않은 지방은 포화 지방과 트랜스 지방이다. 이 지방을 많이 섭취하면 전두엽에 악영향을 미쳐 게을러지고 어리석어진다. 학자들은 생쥐의 미로 통과 실험으로 이 사실을 입증했다. 포화 지방이 많이 함유된 음식을 먹은 생쥐들은 미로를 통과할 때 실수를 반복했다. 미로를 통과하는 시간도 훨씬 오래 걸렸다.

포화 지방과 트랜스 지방을 함유한 식품에 무엇이 있을까? 소고기, 돼지고기, 달걀노른자, 버터, 아이스크림, 치즈, 감자튀김 등이 있다. 뇌를 건강하게 하려면 이런 음식을 적게 섭취해야 한다.

반대로 뇌에 좋은 지방도 있다. 이 지방은 반드시 섭취해야 한다. 뇌에 좋은 지방은 불포화 지방이다. 불포화 지방은 콜레스테롤 수치를 낮춘다. 불포화 지방이 부족하면 ADHD나 우울증에 걸리기 쉽다. 전두엽의 주요 기능이 제대로 작동할 수 없게 되는 것이다.

불포화 지방이 많이 함유된 음식으로 콩, 아몬드, 캐슈너트, 호두 같은 견과류를 들 수 있다. 견과류는 뇌 건강에 좋은 음식이다. 다음으로 연어와 고등어 같은 어류를 들 수 있다. 어류에 많이 들어 있는 오메가3 지방산은 우리 몸에 반드시 필요한 영양소다. 그 밖에도 카놀라유, 아마씨유, 올리브유가 있으며, 저지방 살코기인 닭고기(튀기지 않은 것)와 오리고기에도 불포화 지방이 많이 함유되어 있다.

탄수화물

탄수화물 역시 중요하다. 우리는 설탕, 밀가루, 흰쌀 등 백색 탄수화물이 안 좋다고 인식한다. 물론 맞는 말이다. 하지만 좋은 탄수화물은 반드시 섭취해야 한다.

단맛이 나는 음식은 강박 증세를 보이거나 삶의 의욕을 떨어뜨릴 수 있다. 또 충동 조절 장애를 일으켜 폭식과 비만을 불러일으키기도 한다. 따라서 도넛, 주스, 사탕, 빵, 탄산음료 같은 탄수화물은 되도록 피해야 한다.

반대로 몸에 좋은 탄수화물은 섬유질을 많이 함유하고 있다. 식이섬유는 콜레스테롤 수치를 떨어트리고 혈류가 원활히 흐르도록 돕는다. 따라서 뇌 건강에 필요한 영양소라고 할 수 있다. 몸에 좋은 탄수화물이 함유된 음식에는 브로콜리, 블루베리, 채소, 콩, 저지방 우유, 당근, 통밀 빵이 있다. 이런 음식을 찾아 섭취하도록 하자.

패스트푸드, 카페인이 많이 든 음식, 소금 함유량이 많은 음식 등은 뇌 건강을 위협하기 때문에 반드시 피하자.

소식(적게 먹기)과 뇌의 발달은 밀접한 관계를 맺는다. 소식을 하면 몸은 스트레스를 약간 받는다. 에너지가 제한되기 때문에 몸과 뇌에서 스트레스에 대응해 복구 물질을 생산해낸다. 뇌에서 만들어지는 복구 물질은 신경 영양 인자라 불리는 BDNF이다. 이 신경 영양 인자(BDNF)는 뉴런의 생성과 연결을 강화해 주는 중요한 뇌내 물질로 학습을 장기 기억에 저장하도록 촉진한다. 소식으로 BDNF의 분비를 촉진하면 뇌는 그만큼 더 건강해질 수 있다.[13]

열정과 끈기로 성공을 이룬 사람들 5

불행한 환경을 딛고 일어선 조앤 롤링

어려서부터 이야기 짓기를 좋아한 조앤 롤링은 사회생활과 맞지 않는 여성이었다. 대학 졸업 후 회사에 다니기도 했지만 그리 오래 가지 못했다. 어머니가 죽은 뒤 취업을 위해 포르투갈로 건너간 조앤 롤링은 그곳에서 불행의 씨앗이 된 한 남자를 만나 결혼했다. 하지만 그녀의 남편은 생활력이 없었고 결국 결혼 생활은 짧게 막을 내렸다. 다시 고향으로 돌아온 조앤 롤링은 혼자가 아니었다. 뱃속에 생명이 자라고 있었다. 그때부터 조앤 롤링은 궁핍한 생활고에 시달리기 시작했다. 정부 보조금으로 근근이 살아가는 신세가 되었다.

하지만 조앤 롤링은 실의에 빠져 있지 않았다. 자신이 잘할 수 있는 것이 무엇인지 고민한 끝에 어려서부터 소질이 있던 글쓰기를 다시 하기로 결심했다. 그는 우는 아이를 달래가며 집 근처 한 카페에서 글을 쓰기 시작했다. 당시 살림이 너무 어려워 냅킨이나 종이 쪼가리에 글을 쓰기도 했다. 우여곡절 끝에 조앤 롤링은 해리포터 첫 번째 시리즈인 《해리포터와 마법사의 돌》을 완성했다. 그때 나이가 30세였다. 하지만 그것으로 시련이 끝난 것은 아니었다. 그녀의 책은 번번이 출판사로부터 거절을 당했다. 스토리가 너무 길어 아동용으로 맞지 않는다는 것이 거절의 이유였다. 그래도 롤링은 포기하지 않았다. 열두 번 거절을 당한 끝에 드디어 한 출판사와 계약을 할 수 있었다.

1996년 마침내 해리포터 시리즈가 세상에 모습을 드러냈다. 그리고 《해리포터와 마법사의 돌》은 제목처럼 마법을 부려 그녀에게 커다란 부를 안겨 주었다. 성공과 동떨어진 환경에서 지내온 조앤 롤링은 자신이 처한 상황을 비관하지 않고 끈질기게 버틴 끝에 자신이 정말 잘할 수 있는 것을 찾았고, 그것으로 자신이 처한 불행한 환경을 극적으로 바꿀 수 있었다. 그녀의 작품이 위대한 이유는 불우한 환경을 극복하고 이루어낸 쾌거이기 때문인지도 모른다.

최초라는 수식어가 어색하지 않은 여인 홍은아

가장 격렬한 종목인 축구 경기의 '심판' 하면 자연스럽게 남자를 떠올리기 쉽다. 그런데 그 격렬한 스포츠 한가운데에서 쉼 없이 뛰며 선수들과 함께 호흡하는 여성이 있다. 그 사람은 바로 대한민국 최연소 국제축구연맹(FIFA) 심판이자, 아시아인 최초로 올림픽 여자축구 결승전 주심으로 활약하고, 대한민국 최초로 유럽축구연맹(UEFA) 심판이 된 홍은아다. 그녀에게 '최초'라는 수식어는 낯설지 않은 단어다.

1980년생인 홍은아는 평범한 가정의 외동딸로 태어났다. 부모는 그녀를 곱고 사랑스러운 아이로 키우고 싶어 했다. 하지만 홍은아는 인형이나 예쁜 옷보다 공을 가지고 노는 것을 더 좋아했다. 중학교 3학년이던 1994년 미국 월드컵을 관전한 후 홍은아는 심판이 되기로 결심했다. 대한민국에서 여자가 축구 심판을 꿈꾼다는 것은 흔한 일이 아니다. 더구나 학업 성적도 매우 뛰어나서 체육학과에 진학한다는 것은 누구도 예상치 못한 결정이었다. 홍은아는 어머니의 반대와 담임교사의 만류를 뿌리치며 뜻을 굽히지 않았다. 결국 이화여대 체육학과에 진학했다. 대학 진학 후 홍은아는 심판이 되는 방법을 찾기 위해 대한축구협회 전화번호를 알아냈다. 그렇게 그녀의 도전은 시작되었다.

그 후 홍은아는 만 20세에 대한축구협회 2급 심판 자격증을 땄다. 이를 시작으로 거침없이 자신의 꿈을 향해 달리기 시작하여 국내 심판 1급 자격증과 FIFA 심판 자격증을 연이어 따냈다. 또 국제 심판의 자질을 키우기 위해 대학원에 진학했다. 대학원을 졸업한 후에는 곧바로 축구 종주국인 영국으로 유학을 떠났다. 하지만 이러한 노력과 의지를 색안경을 끼고 삐딱하게 바라보는 사람도 많았다. 나이도 어릴뿐더러 축구라고는 해 본 적 없는 여자라는 이유로 괜히 시비를 거는 이들도 있었다. 그럴수록 홍은아는 기죽지 않고 자신의 신념을 굽히지 않았다. 숱한 경기에서 주심으로 활약하며 자신의 진가를 발휘했다.

홍은아는 여자의 몸으로 거친 스포츠 경기의 심판이 되기까지 쉬지 않고 달렸다. '최초'라는 수식어와 함께 포기하지 않고 달려왔다. 홍은아는 현재 대한축구협회 이사이자 FIFA 심판 기술 강사로 활약하고 있다.

6장

오래 하는 힘을
기르기 위한
솔루션

전두엽을 강화하는 훈련으로 기본을 다졌다면 이제 활용할 차례다. 잘 다져 놓은 길은 쓰지 않으면 아무 소용이 없다. 이 장에서 말하는 솔루션을 꾸준하게 실천하면 당신은 오래 하는 사람이 되어 있을 것이다. 이를 바탕으로 성공으로 가는 지름길 위에 올라설 수 있다.

전두엽을 건강하게 유지하기 위해서는 좋은 습관을 길러야 한다. 좋은 습관을 실천하는 일은 뇌에 고속도로를 까는 것과 같다. 그러나 고속도로를 닦아 놓았다고 해서 끝난 것이 아니다. 자동차가 다니지 않는 고속도로는 무용지물이다. 잘 닦인 고속도로는 잘 사용되어야 한다.

성공한 사람은 자기 분야에서 오랫동안 일하며 갈고닦은 실력을 인정받은 사람이다. 성공은 갑작스러운 요행의 결과가 결코 아니다. 성공의 요인은 결과를 낼 때까지 참고 견디는 힘이다. 오래 하는 힘을 키우기 위해 걸림돌이 되는 문제점은 크게 다섯 가지로 추릴 수 있다고 이야기했다. 그것은 급한 성격, 집중력 부재, 충동적 성향, 불필요한 걱정, 부정적 사고이다.

이러한 문제들은 충분히 고칠 수 있다. 결코 어렵지 않다. 자신을 희생하지 않아도 된다. 이는 재력이나 학력의 문제가 아니라 의지의 문제다. 하고자 하는 마음만 있다면 누구나 성공의 밑그림을 멋지게 그릴 수 있다. 이제부터 이 문제들을 전두엽을 활용하여 해결해 보자.

45

첫 번째, 집중력을 키워라

명확한 목표 세우기

앞에서 도파민이라 불리는 화학물질에 대해 알아보았다. 도파민이 과도하게 분비되면 좋지 않은 결과로 이어질 수 있다. 그러나 전두엽을 통해 적절하게 통제할 수 있다면 도파민처럼 고마운 화학물질도 없다. 도파민은 의욕을 불러일으켜 뭔가에 집중할 수 있도록 해 준다. 그렇다면 도파민은 언제 분비되는가? 뭔가를 기대할 때, 그 기대가 충족될 때 분비된다. 도파민을 분비시키기 위해 필요한 활동은 무엇일까? 가장 좋은 방법은 무슨 일을 하든 목표를 명확히 세우는 것이다.

나는 올해 두 가지 목표를 설정했다. 첫 번째는 책을 출간하는 것이고, 두 번째는 많은 사람 앞에서 강의하는 것이다. 나는 책을 출간한 적도, 강의를 해 본 적도 없다. 하지만 목표를 세우는 것만으로도 기분이 좋아지고 가슴이 두근거리기 시작했다. 경험해 보지 않았지만 해낼 수 있다는 자신감이 샘솟았다. 도파민이 분비되기 시작한 것이다.

책을 쓰기로 마음먹은 후 제일 처음 한 것은 세부 계획을 세우는 일이었다. 언제까지 자료를 모으고, 본문은 어떻게 구성하며, 초고는 며칠까지 완성하고, 언제까지 출판사와 접촉할지에 관한 모든 것을 노트에 기록했다. 이렇게 세부 목표를 설정하지 않으면 출간은 지지부진해질 수밖에 없다. 의욕을 불러일으키는 도파민은 무한정 분비되지 않는다. 그러므로 세부 계획과 목표를 잘 설정해 두는 일은 매우 중요하다. 자동차에 기름이 떨어지면 안 되는 것처럼 집중력을 유지하려면 중간 목표를 세워서 수시로 도파민이 분비되도록 해야 한다.

결과 상상하기

한 번도 책을 써 본 적이 없는 내가 책을 쓴다는 것이 두려울 때도 있었다. 그때마다 나는 전두엽을 활용했다. 바로 상상하기다. 내가 쓴 책이 서점에 진열되는 모습을 상상하고, 베스트셀러가 되는 모습을 상상했다. 책이 너무나 잘 팔려 10만 부 돌파 기념회를 여는 모습을 상상했다. 방송국에서 인터뷰 요청이 쇄도하는 상상을 했으며 여기저기서 강연 요청을 받는 모습을 상상했다. 청중이 우레 같은 박수를 치는 상상과 함께 내 책에 사인을 받기 위해 우르르 몰려드는 상상을 했다. 상상만으로도 기분이 고조되고 의욕이

오래 하는 힘

샘솟기 시작했다.

나는 여기에 이미지를 추가했다. 평소 존경하던 작가를 떠올렸다. 그의 행동 하나하나를 생각하고 그가 어떻게 글을 썼으며 어떤 노력을 했는지 선명하게 그리기 시작했다. 성공한 그의 모습을 그려 보고, 내가 성공한 것처럼 생생하게 느껴 보았다. 그럴 때마다 나의 감정은 고양되기 시작했다. 성공한 내 모습을 사람들이 존경한다고 느끼기 시작하자 도파민이 마구 분비되면서 주체할 수 없는 의욕이 샘솟기 시작했다. 이런 식으로 상상하기를 틈날 때마다 반복함으로써 나는 다시 책 쓰기에 집중할 수 있었다. 건강한 전두엽을 활용하지 못했다면 나는 결코 내가 원하는 일을 끝마치지 못했을 것이다.

롤모델 만들기

롤모델을 만드는 것이 얼마나 중요한지 사례 한 가지를 소개하고자 한다. 롤모델을 통해 자신의 꿈을 이룬 유명한 농구선수인 NBA 출신 코비브라이언트에 관한 이야기다.

코비 브라이언트는 미국 농구계를 평정하며 한 시대를 풍미한 전설적인 선수다. 그는 농구선수로 성공하기 위해 목표를 세우고 그 목표에 부합하는 인물을 떠올렸다. 그가 목표로 삼은 인물은 마이클 조던이었다. 그의 성공 요인은 여러 가지겠지만, 우상으로 생각한 마이클 조던을 목표로 설정하고 조던의 모든 것을 따라 한 것이 가장 큰 성공 요인이라 할 수 있다.

코비 브라이언트의 기술과 마이클 조던의 기술은 매우 흡사하다. 두 사람의 동작을 비교해서 보여 주는 영상을 유튜브에서 찾아볼 수 있다. 코비는 마이클 조던의 기술 하나하나를 분석하고 연구했으며, 꾸준히 훈련하여 마이클 조던의 기술을 자기 것으로 만드는 데 성공했다.

코비 브라이언트는 마이클 조던이 하위권에서 맴돌던 시카고 불스를 왕좌에 올려놓고 은퇴할 때까지 한 팀에 몸담았던 것처럼 자신의 농구 인생 전부를 LA 레이커스에서 보냈다. 코비는 LA 레이커스에서 무려 20년이나 현역으로 뛰었다. 한 팀에서 이렇게 오랫동안 활약한 NBA 선수는 거의 없다. 코비 브라이언트가 이토록 오랫동안 한 팀에서 선수 생활을 할 수 있던 것은, 목표를 설정하고 목표를 완수하는 데 집중했기 때문이다. 코비 브라이언트 역시 데뷔하고 한동안 벤치를 벗어나지 못했다. 하지만 코비는 포기하지 않고 자신의 실력을 발휘할 순간을 기다렸다. 그렇게 참고 기다린 덕분에 코비는 NBA 최정상에 우뚝 설 수 있었다. 이처럼 동기를 부여해 주는 우상을 만드는 것은 집중력을 유지하며 오래 하는 힘을 키우는 데 큰 역할을 한다. 지금 당장 주위를 둘러보라. 의외로 많은 사람이 오랫동안 한자리에서 묵묵히 일하는 모습을 볼 수 있을 것이다.

당신이 무슨 일을 하든지 집중력 있게 오래 하고 싶다면 롤모델을 만들기 바란다. 코비 브라이언트가 그랬듯이 그 대상을 거듭 생각하고 따라 해 보기 바란다. 그러다 보면 어느 순간 그와 하나 됨을 느낄 수 있다. 코비 브라이언트에게서 마이클 조던이 보이는 것처럼 말이다.

집중력 극대화의 예시

이제 당신 차례다. 회사에 들어가 멍하니 시키는 일만 해서는 안된다. 입사한 순간부터 자기계발을 위한 목표를 정하자. 자신의 능력을 어떻게 하면 최대한 발휘할 수 있는지 초점을 맞추자. 외국어 능력이 부족하면 외국어 중 한 가지를 마스터한다는 목표를 세우자. 목표를 세웠다면 학원에 다닐지, 독학할지 결정해야 한다. 학원에 다니기로 했다면 주위 사람들의 조언을 듣고 인터넷을 검색해 어떤 학원이 좋은지 찾아봐야 한다.

다음으로 하루에 얼마를 투자할지 고민해야 한다. 퇴근 후 한두시간은 무슨 일이 있어도 외국어 공부를 하겠다는 목표를 세워야 한다. 또 하루에 공부할 양을 정해야 한다. 목표는 구체적일수록 좋다. 목표로 정한 분량을 완수했을 때 도파민이 분비되고 다음 목표에 집중할 수 있게 된다. 작은 목표를 하나하나 완수할 때 장기 목표에 다다를 수 있다는 사실을 명심해야 한다.

자신이 외국어를 마스터했다고 수시로 상상하자. 외국인과 유창하게 대화를 나누는 모습, 그 모습을 존경의 눈빛으로 바라보는 배우자나 연인의 표정을 그려 보자. 자신의 매끄러운 외국어 구사 능력 덕분에 큰 계약을 따내는 모습을 상상하자. 어려움에 처한 외국인 방문객을 도와주는 모습을 상상하고, 주변 사람들이 보내는 부러운 눈빛을 느껴 보자. 우수한 성적으로 학원을 졸업하는 모습을 상상해 보는 것도 좋다. 이 모든 상상이 당신의 집중력을 극대화할 수 있다.

이제 이미지를 추가해 보자. 외국어를 유창하게 구사하는 인물을 정하고 수시로 떠올려 보자. 그가 어떻게 해서 외국어를 잘할 수 있었는지 연구하고, 현재 그의 성공한 삶을 그려 보자. 가까운 친척도 좋고 직장 상사면 더욱 좋다. 그 대상이 가까이 있으면 있을수록 느낌을 선명하게 전해 받을 수 있기 때문이다. 고양된 감정은 도파민을 분비시켜 당신을 한층 더 의욕 있는 사람으로 만들어 준다.

회사가 당신을 인정해 주길 기다리기보다 당신의 능력을 회사에 적극적으로 어필해야 한다. 수동적 자세로 회사에 다니는 사람은 절대 성공할 수 없다. 이런 사람은 성공의 밑거름이 되는 자신의 능력을 제대로 보여 주지 못하므로 한곳에 정착하기 어렵다.

오래 하는 힘

46
두 번째, 성격을 고쳐라

　내가 성공하지 못한 이유는 뭐든 시작하면 오래 하지 못한다는 것이었다. 그 밑바탕에 조급한 성격이 있었다. 성격 문제는 이 책을 쓰는 계기가 될 정도로 매우 중요하다. 그러나 더 중요한 것은 오래 하지 못하는 이유가 급한 성격 때문만은 아니라는 사실이다.

　사람은 누구나 고치고 싶은 성격 한두 가지는 가지고 있다. 나 역시 급한 성격뿐 아니라 무엇이든 잘 미루는 습관이 있었다. 어머니가 "양치해야지." 하고 말하면 나는 언제나 "좀 이따 가요."라고 대답했다. 성인이 되어서도 이런 습관은 계속되었다. '내일 하지 뭐.' '조금만 쉬었다 하자.' '당장 급한 것도 아니잖아.' 그냥 하면 되는 일을 이런저런 핑계를 대면서 미루기 일쑤였다. 이외에도 거짓말하기, 게으름 피우기, 약속 안 지키기, 툭하면 화내기처럼 잘못된 습관이 자신을 괴롭힌다. 성공의 밑거름이 되는 오래 하는 힘을 기르는 데 걸림돌이 되는 것이다.

이런 나쁜 습관은 어떻게 생긴 것일까? 성격 형성의 일정 부분은 유전자가 관여하지만, 더욱 중요한 것은 자라면서 겪는 경험이다. 사람은 경험에서 특별한 감정을 얻는다. 뇌는 그 달콤한 감정을 저장에 두었다가 필요할 때마다 꺼내 쓴다. 이런 메커니즘이 반복되면 성격이 형성된다. 따라서 당신을 규정하는 성격은 당신이 반복함으로써 무의식화한 것이다.

전두엽 강화 훈련 실천하기

나쁜 습관은 고칠 수 없을까? 절대 그렇지 않다. 얼마든지 고칠 수 있다. 건강한 상태의 전두엽을 활용하면 가능하다. 나는 전두엽의 기능 중에 조급증을 통제하는 기능이 있다고 했다. 전두엽은 어떻게 조급증을 관리할까? 전두엽은 감정을 담당하는 변연계를 통제한다. 당신이 느끼는 감정은 변연계에서 만들어진다. 따라서 전두엽에 힘을 모으면 모을수록 변연계의 활동은 위축된다. 변연계가 과거 감정의 쾌락을 떠올릴 때마다 전두엽을 활용해 감정의 쾌락을 끊어내야 한다. 해답은 의외로 간단하다. 전두엽 강화 훈련을 충실히 실천하기만 하면 된다.

너무 간단하다고 생각할지 모르지만, 그렇지 않다. 전두엽 강화 훈련에서 언급한 새로운 것 배우기, 명상하기, 유산소 운동, 충분한 수면, 뇌에 좋은 영양분 섭취하기는 쉬워 보이지만, 얼마나 오랫동안 실천할 수 있을지 자문해 볼 필요가 있다. 단언컨대 이 활동을 꾸

오래 하는 힘

준하게 실천하는 사람은 열 명 중 한 명에 불과하다.

의심하지 말고 실천해 보라. 전두엽 강화 훈련의 실천 사항만 꾸준하게 지켜도 당신의 전두엽은 놀랄 만큼 좋아진다. 중간에 포기하지 말고 꾸준하게 하기만 하면 반드시 된다.

예를 들어 보자. 게으른 성격을 고치고 싶다면 하루에 20~30분 꾸준히 걸어 보자. 거짓말하는 습관 역시 마찬가지다. 명상을 하여 진실한 사람이 되려고 노력하자. 주변에 진실하고 착실하게 살아가는 사람을 찾아 롤모델로 정한 후 틈나는 대로 상상해 보자. 꾸준하게 실천하면 자신도 모르는 사이에 참된 인간으로 거듭날 수 있다. 당신이 화를 잘 내는 사람이라면 명상과 운동을 병행하고 잠을 충분히 자야 한다. 대개 예민한 사람이 화를 잘 낸다. 잠을 제대로 자지 못하면 전두엽의 활동성이 떨어지고 판단력이 흐려져 예민해질 수밖에 없다. 숙면은 예민한 성격을 고치는 데 도움이 될 수 있다.

새로움을 찾아 배우고 새로운 환경을 만들자. 건강한 취미 활동이나 환경 변화는 우울한 기분이나 짜증 섞인 반응을 없애고 긍정의 사고방식을 심게 한다. 약속 시각을 어기는 습관 역시 마찬가지다. 약속을 잘 지키지 않는 사람은 게으르거나 의지가 약한 사람이다. 운동이나 명상으로 전두엽을 강화하면 이런 버릇은 충분히 고칠 수 있다.

기록하는 습관 가지기

하나만 더 추가해 보자. 바로 기록하는 습관이다. 읽기와 쓰기 가운데 전두엽 발달에 더 도움이 되는 것은 무엇일까? 결론부터 이야기하자면 쓰기다. 읽기 역시 전두엽을 활성화하는 데 필요한 활동이지만 전두엽을 직접 활성화하는 데는 쓰기가 더 효과적이다. 일기를 쓰든 수필을 쓰든 소설을 쓰든, 쓰기는 무에서 유를 창조하는 일이므로 사고의 중추인 전두엽을 많이 쓸 수밖에 없다. 무엇을 쓰든지 상관없다. 생각해서 쓴다는 과정 자체가 중요하다. 생각한 것을 글로 옮기는 과정은 전두엽 발달에 매우 중요한 활동임을 명심하자.

자신의 하루를 일기 쓰듯 기록해 보자. 당신이 버리고 싶은 성격이 얼마나 자주 발현되는지 유심히 관찰하도록 하자. 하루를 마감하는 시간에 노트에 기록하자. 화를 잘 내는 습관을 고치고 싶다면 오늘 하루 화를 얼마나 잘 참았는지 생각해 보고 노트에 기록한다. 반대로 화를 잘 참지 못했다면 어떤 상황에서 화를 냈는지 자세하게 기록한 후, 훗날 또 그런 상황이 닥쳤을 때 어떻게 행동할지 함께 적어 둔다. 그런 다음 나쁜 행동이 자연스럽게 고쳐질 때까지 틈나는 대로 꺼내 읽는다. 이 방법은 생각보다 효과가 좋다. 자신이 화를 잘 내는 상황을 적은 다음 시간이 지난 후 읽어 보면, 하찮은 일에 의외로 화를 잘 참지 못했다는 사실을 알 수 있다. 기록하는 습관은 자신을 객관적으로 관찰하게 하는 좋은 방법이다.

다시 한번 말하지만, 행동을 만드는 것은 뇌다. 나쁜 성격이나 습관은 뇌의 회로를 재배선함으로써 고칠 수 있다. 뇌가 바뀌면 행동이 바뀌고, 행동이 바뀌면 당신의 미래가 바뀐다.

오래 하는 힘

47
세 번째, 충동을 조절하라

주도하는 사람이 되라

전두엽 연구의 시발점이 된 피니어스 게이지의 사례에서 보듯, 전두엽이 건강하지 못할 때 사람은 감정적 충동에 이끌리기 쉽다. 충동 조절 문제는 감정과 연결되기 때문에 이를 억누를 수 있는 전두엽의 역할이 매우 중요하다. 따라서 이성적 사고의 중추인 전두엽을 활용하면 충동 조절 문제를 어렵지 않게 해결할 수 있다.

먼저 주도하는 사람이 되려고 노력해 보자. 회사에서 일하다 보면 가장 기다리는 시간이 점심시간이다. 뇌의 무게는 우리 몸 전체의 2%밖에 되지 않지만, 뇌를 위해 소모되는 에너지는 전체의 20%나 된다. 따라서 에너지를 보충해 주지 않으면 업무 능력이 떨어질 수밖에 없다. 점심시간은 뇌를 활성화하기 위해 꼭 필요한 시간이므로 이 시간만큼은 반드시 보장받아야 한다.

동료들과 점심을 먹는다고 생각하고 메뉴를 골라 보자. 박 사원은 제육볶음, 김 대리와 최 대리는 김치찌개를 주문했다. 그렇다면 당신은? 아직 결정을 하지 못했다. "제육볶음으로 하세요.", "뭘 고민해? 이 집은 김치찌개가 최고야." 김 대리와 최 대리, 박 사원 모두 한 마디씩 거든다. 당신은 좋아하는 된장찌개를 먹고 싶지만 모두 다르게 주문하는 것이 미안하다. 옆에서 몇 마디씩 부추기자 결국 동료들이 시킨 음식 중에 하나를 고른다. 이런 결정은 좋은 행동이 아니다. 스스로 판단하지 못하고 남의 말에 자꾸 휘둘리다 보면 자신도 모르게 이런 행동이 습관처럼 굳어진다. 결국 작은 유혹에도 쉽게 넘어가는 성향으로 바뀌게 된다. 이는 기껏 단련해 둔 전두엽을 방치하는 것과 같다. 전두엽 강화 훈련을 열심히 했다면 제대로 활용할 줄 알아야 한다. 건강한 전두엽으로 주도하는 사람이 되어 보자.

직장 상사의 말에 무조건 따르는 사람보다 자기 의견을 확실하게 말하는 사람이 성공에 이를 수 있다. 그렇다고 무작정 대들거나 반대하라는 이야기가 아니다. 상사의 의견에 자신의 의견을 덧붙여 보라는 이야기다. "제 생각에 이렇게 하는 것도 좋은 방법 같습니다." "이렇게 해 보면 어떻겠습니까?" 자신의 의견을 자주 표현해야 한다.

인생은 선택의 연속이다. 선택의 순간마다 자기 생각을 내보일 필요가 있다. 짬뽕이냐 짜장면이냐 고민하지 말고 과감하게 한 가지를 선택하라. 빨간 옷을 입을까? 파란 옷을 입을까? 남에게 물어

보지 말고 자기 생각에 초점을 맞추자. 이렇게 하다 보면 주도하는 행동이 자연스럽게 몸에 배어 충동적 성향에서 해방될 수 있다.

지금 하는 일에 주의를 기울여라

충동을 억제하는 데 필요한 습관으로 무엇이 있을까? 그것은 현재 하는 일에 주의를 기울이는 습관이다. 즉 하던 일은 반드시 끝내는 버릇을 들여야 한다. 이것 조금 하다 저것 조금 하고, 다른 일에 한눈을 파는 행동은 성공하는 데 전혀 도움이 되지 않는다. 전두엽 강화 훈련으로 전두엽을 단련했다면 당신은 집중력을 발휘할 수 있다.

한 가지 일에 몰두하는 연습을 해 보자. 주변 자극에 휘둘릴 필요가 전혀 없다. 일을 하다 보면 여러 업무가 한꺼번에 몰릴 때가 있다. 이럴 때일수록 하나하나 순서대로 끝마치겠다고 생각하자. 각 부서에서 급하다고 아우성치더라도 흔들리지 않아야 한다. 당신은 모든 사람을 동시에 만족시킬 수 없다. 여러 부서의 요구를 수용하려다 일을 그르치는 사람보다 하나라도 만족스럽게 끝마치는 사람이 높은 평가를 받을 것이다. 반대로 회사도 마찬가지다. 직원의 능력으로 회사가 발전하기를 바란다면 한 직원에게 여러 업무를 주는 것보다 여러 직원에게 적절히 분배하는 융통성을 발휘해야 한다. 직원 개개인이 자기 능력을 충분히 발휘할 수 있도록 보장해 줄 때 회사는 성공에 한 발 더 다가갈 수 있다.

깊게 생각하고 사고하는 습관을 길러라

마지막으로 깊게 생각하고 사고하는 습관을 길러야 한다. 직장 생활을 하다 보면 무수히 많은 유혹과 도전에 직면하게 된다. 스트레스라는 괴물은 언제 어느 때고 당신을 잡아먹을 준비가 되어 있다. 스트레스 상황에 처했을 때 전두엽은 경직된다. 올바른 사고를 하지 못하고 동료의 말이나 주변 환경에 휘둘릴 확률이 높아진다. 마음이 흔들리거나 불확실한 미래 때문에 걱정이 앞선다면 눈을 감고 생각에 잠겨 보자. 왜 이 직장을 선택했는지 처음으로 돌아가 생각해 보자. 입사했을 때 다졌던 각오와 목표를 생각하자. 그런 다음 힘들고 어려운 이 순간을 잘 참고 이겨낸 후 어떤 일이 일어날지 그려 보자.

직장생활뿐 아니라 평소에도 깊게 생각하고 사고하는 습관은 중요하다. 당장 필요하지 않은 물건을 사고 싶을 때 우리는 유혹에 빠진다. 이럴 경우 하던 행동을 즉시 멈추고 깊게 생각해야 한다. 전두엽을 활용해 이성적 사고 회로를 작동시켜야 한다. 꼭 필요한 물건인지, 없어도 되는 물건인지, 물건을 샀을 때와 사지 않았을 때 어떤 일이 벌어질지 깊이 생각해 보자. 상상하기는 전두엽을 활성화해 집중력을 높여 주고, 현재 상황을 좀 더 객관적으로 판단할 수 있도록 해 준다.

충동이 일어나는 메커니즘은 결국 외부 자극에 쉽게 흔들리는 뇌의 작용 때문이다. 사탕을 빼앗긴 어린아이가 울고 떼쓰는 이유는 사탕의 달콤함에 길든 변연계가 작동한 결과다. 다시 한번 말하지

오래 하는 힘

만, 변연계는 전두엽의 통제를 적절하게 받아야만 사람에게 이로운 영향을 끼칠 수 있다. 전두엽이 건강하지 못한 상태에서 변연계가 과도하게 활성화하면 결국 주변 자극에 쉽게 휘말리게 된다. 따라서 충동 성향을 없애고 오래 하는 힘을 기르려면 전두엽을 항상 건강하게 유지해야 한다.

뇌에는 미엘린이라고 하는 중요한 물질이 존재한다. 미엘린은 구리선의 피복재 같은 것으로 축삭돌기를 감싸 정보 전달 속도를 증가시켜 뉴런간의 소통을 원활하고 건강하게 만들어 준다. 미엘린이 두꺼우면 두꺼울수록 심사숙고하는 능력이 좋아진다. 그런데 미엘린은 나쁜 생활습관으로 인해 얇아진다. 즉 지나친 음주나 흡연, 수면 부족, 과다한 스트레스 등에 영향을 받는다. 이렇게 되면 전두엽의 기능이 저절로 떨어지고, 깊게 생각하는 능력이 없어지며, 무슨일을 하든 충동적으로 행동할 확률이 높아진다. 따라서 평상시 올바른 생활습관을 유지하는 일이 무엇보다 중요하다.

48

네 번째, 부정적 사고를 없애라

주의력결핍 과잉행동장애(ADHD)는 전두엽에 이상이 생겨서 발생하는 질환이다. ADHD를 가진 사람의 뇌를 촬영해 보면 전두엽의 활동이 현저하게 떨어져 있음을 볼 수 있다. 이 질환을 앓는 사람은 사물을 대할 때 긍정적 부분보다 부정적 부분에 초점을 맞춘다.[1][2] 전두엽의 기능이 떨어진 상태에서 정서를 담당하는 변연계의 기능이 과도하게 활성화했기 때문이다.

부정적 사고는 반드시 고쳐야 할 습관 중 하나다. ADHD를 앓지 않더라도 부정적 생각에 자주 빠진다면 전두엽 건강에 이상이 생겼을 확률이 높기 때문에 하루빨리 전두엽 강화 훈련으로 전두엽을 건강하게 해야 한다.

오래 하는 힘

감사하는 마음 갖기

부정적 사고에서 벗어나기 위해 전두엽 강화 훈련을 잘 실천하고 있다면 그다음에 할 일은 '감사하는 마음 갖기'다. 평소에 얼마나 감사하며 사는지 돌아보자. 그리고 다음 사항을 잊지 않고 실천해 보자.

출근길에 당신의 발이 되어 주는 자동차를 향해 고맙다고 말해 보자. 회사 동료에게 감사의 말을 전하자. 당장 떠오르는 것이 없다면 과거에 동료에게 도움받은 기억을 떠올려 보자. 거래처에 방문할 일이 생길 때마다 무엇을 감사해야 할지 미리 생각해 두는 것도 좋다. 당신이 긍정적이고 감사하는 마음으로 상대를 대하면 거래처 사람들의 마음을 움직이는 일은 한결 더 수월해질 수 있다.

부모님께 전화해서 감사의 말을 전하자. 낳아 주셔서 감사하고, 건강하게 키워 주셔서 감사하다고 말하자. 아내와 남편에게 고맙다는 말을 해 보자. 맛있는 밥을 차려 줘서 고맙고, 든든하게 가정을 지켜 줘서 고맙다고 말해 보자. 자식에게는 건강하게 자라 줘서 고맙다고 말해 보자. 반려동물을 키운다면 언제나 기쁘게 해 줘서 고맙고, 꼬리치며 반겨 줘서 고맙다고 말해 보자. 아파트에 산다면 경비원에게 감사의 말을 전하자. 이렇듯 우리 주위에는 감사할 대상이 많다.

감사함을 품고 살면 부정적 생각이 끼어들 자리가 없다. 오늘부터 바로 실천해 보자. 하기 힘들다면 '하루에 열 번 감사하기' 같이 목표를 정해 놓는 것도 좋다. 감사하는 마음으로 살다 보면 부정적 사고는 점점 사라지고 긍정적 효과가 나타나기 시작한다. 직장 동료는 물론 거래처와의 관계가 좋아져 업무 능력이 향상되고 실적도 좋아진다. 부모님과 배우자에게 감사하는 마음을 갖는 순간 가정에 평화가 깃든다. '집안이 화목하면 모든 일이 순조롭게 풀린다.'는 말처럼 생활의 모든 면이 한층 좋게 변할 가능성이 높다. 부정적 사고에서 벗어나는 것만으로도 많은 것을 얻을 수 있다.

부정적 사고 몰아내기

두 번째로 추천하는 습관은 건강한 전두엽을 활용한 부정적 사고 몰아내기다. 부정적 사고는 아직 현실이 되지 않은 일에서 비롯된다. 우리는 무심코 다음 연도 매출을 부정적으로 전망하고, 시험 결과가 좋지 않을 거라 예측하며, 자기 능력이 별 게 아니라고 생각한다. 이런 부정적 사고가 반복되면 부정적 결과가 생길 가능성이 높아진다.

부정적 생각이 떠오를 때마다 즉시 생각을 멈추고 조용한 장소를 찾아 명상하도록 하자. 명상에 들어가면 전두엽은 활발하게 작동하기 시작하고 집중력이 높아진다. 내년도 매출이 올해 매출의 두 배가 되는 상상을 해 보자. 시험에 합격해 가족과 기쁨을 나누는 모습을 선명하게 떠올려 보자. 중요한 거래를 맺어 회사에 큰 보탬이 되는 상상을 해 보자.

여기에 이미지를 추가하자. 회사에서 본받을 만한 사람을 떠올려도 좋고, 유명한 기업인을 떠올려도 좋다. 이미지는 당신의 상상에

날개를 달아 준다. 틈나는 대로 성공한 삶을 선명하게 상상하자. 당신의 뇌는 과거의 부정적 신경회로를 끊고 긍정적 신경회로를 구축하기 시작할 것이다. 당신의 뇌는 미래의 성공을 확신한 상태에서 그에 따른 보상의 화학물질을 분비하기 시작할 것이다. 생각이 몸을 움직이기 시작하면서 당신은 부정적 사고에 갇혀 있던 삶에서 벗어날 수 있다.

남 탓 하지 않기

마지막으로 추천하는 습관은 바로 남 탓 하지 않기다. 직장생활을 하다 보면 크게 두 부류를 만날 수 있다. 문제가 생길 때 신속히 문제를 해결하려는 사람과 누가 잘못했는지부터 따지고 드는 사람이다. 두 부류 중 어느 쪽이 사회생활을 잘해 나갈 수 있을까? 자신이 항상 옳고 상대방은 옳지 않다고 생각하는 사람은 불신을 가지고 상대방을 대한다. 사람들을 의심의 눈초리로 바라보기 때문에 팀을 이뤄 프로젝트를 수행할 때 팀워크보다 개인 욕심을 더 중요하게 생각한다. 이는 자신의 이력에 결코 도움이 되지 않을뿐더러 직장생활을 하는 데 커다란 걸림돌이 된다. 타인에 대한 부정적 인식은 자기 재능을 스스로 깎아내리는 것과 마찬가지다.

창피한 이야기지만 나도 한때 이런 사고방식을 가지고 살았다. 언제나 내가 옳다고 생각하고, 다른 사람 때문에 내가 피해를 본다고 생각했다. 직장을 자주 옮겨 다닌 이유 중 하나가 피해 의식에 있다고 판단한 순간부터 나는 사고방식을 바꾸기로 결심했다. 지금도 남 탓하는 사고방식을 고치려고 노력한다.

남 탓을 하지 않으려면 솔선수범하는 자세를 보여야 한다. 무슨 일이든 눈치 보지 말고 앞서서 행동하자. 때로는 행동이 생각을 변화시키기도 한다. 적극적으로 임할 때 전두엽 역시 당신을 응원할 것이다. 남의 행동에 칭찬의 말을 건네고, 되도록 같이할 수 있는 일을 찾아 협동 정신을 발휘하자.

오늘부터 무거운 짐을 옮기는 동료를 못 본 체하지 말고 먼저 나서서 도와주자. 힘든 업무를 받더라도 다른 사람에게 전가하지 말고 완수하자. 길을 가다 무거운 짐을 들고 가는 어르신을 보면 달려가서 도와드리자. 임산부가 보이면 자리를 양보하고, 설거지나 집 안일도 가족과 분담하자. 적극적인 태도로 살면 남 탓 할 시간이 없다. 남을 배려하고 남의 고충을 나누는 행동은 자신을 더욱 발전시키는 계기가 된다. 성공은 자신의 능력이 발휘될 때까지 얼마나 잘 참고 견뎌내느냐에 달렸다. 자신의 능력을 검증할 시간이 필요하기 때문에 오래 하는 힘을 기르는 일은 무엇보다 중요하다. 또 오래 하기 위해서는 즐거운 마음으로 일해야 한다. 따라서 솔선수범하는 습관을 기르기 위해 노력해야 한다.

사고를 바꾸면 인생이 새롭게 바뀔 수 있다. 성공은 멀리 있지 않다. 성공은 내 안에 있다. 뇌를 바꾸면 생활 태도가 바뀌고, 생활 태도가 바뀌면 성공으로 나아갈 수 있다.

49

다섯 번째, 불안과 걱정을 몰아내라

중뇌의 변연계는 마음속 정서 상태를 담당한다. 그중에서도 편도체는 공포, 슬픔, 기쁨 같은 강렬한 감정을 지닌 경험을 기억하고 있다가 위기 상황이 오면 즉각 반응하도록 체계화되어 있다. 덕분에 인간은 위협에서 신속하게 벗어날 수 있다. 즉 편도체는 생존에 없어서는 안 될 중요한 기관인 셈이다. 하지만 편도체가 과도하게 활성화하면 문제가 일어날 수 있다. 아주 사소한 자극에도 편도체는 민감하게 반응하기 때문에 극심한 불안에 빠진다. 공포나 불안, 슬픔이 시도 때도 없이 찾아온다면 어떻게 될까? 이러한 상태가 지속되면 우울증이나 강박장애에 시달릴 확률이 높아진다. 무엇보다 성공에 필요한 오래 하는 힘을 기를 수 없게 한다. 이 문제를 어떻게 극복할 수 있을까?

전두엽은 변연계에서 정서를 담당하는 편도체와 직접 연결되어 있다. 우리는 전두엽을 활용해 편도체를 통제할 수 있어야 한다. 전두엽 강화 훈련을 실천함으로써 전두엽을 건강하게 유지해야 한다.

새로운 것을 배우는 데 전념하라

민감해진 편도체를 잠재우려면 전두엽을 활성화해야 한다. 그렇다면 어떤 활동이 가장 효과가 있을까? 앞에서 말했듯이 전두엽은 새로운 것을 받아들일 때 가장 많이 활성화한다. 걱정거리가 당신을 괴롭힌다면 여행을 떠나 보자. 낯선 곳에서 만나는 사람과 풍경은 전두엽을 활성화해 당신이 겪는 쓸데없는 불안이나 걱정을 덜어 준다.

배움에 도전해 보자. 새로운 것을 배우고 공부할 때 잡념은 사라진다. 전두엽은 당신이 집중하는 대상을 위해 주변 자극을 차단하고 근심 걱정을 심연으로 가라앉힌다. 심신이 지쳐 있거나 불안감이 엄습하면 혼자 가만히 있지 말고 모임이나 취미 활동에 적극 참여하자. 사회성을 높이면 높일수록 전두엽은 활성화한다. 불안한 마음은 눈 녹듯 사라지고 그 자리에 활기차고 건강한 생각이 깃든다.

규칙적으로 운동하라

운동은 전두엽 강화는 물론 불안이나 초조한 마음에서 해방될 수 있는 좋은 치료 도구다. 요가나 가벼운 등산 같은 유산소 운동은 전두엽을 맑게 하고 현재에 집중하게 함으로써 스트레스 해소에 큰 도움이 된다. 불안은 대부분 일어나지 않은 일에 대한 걱정에서 출발한다. 과거에 집착하면 집착할수록 불안한 마음이 생긴다. 전두엽은 현재 당신이 하는 일에 집중할 수 있도록 해 준다. 따라서 운동은 아주 좋은 치료 도구라고 할 수 있다.

스스로 통제할 수 없는 일에 신경 쓰지 마라

통제할 수 없는 일에 매달릴 때 불안은 증폭된다. 회사에서 구조조정의 일환으로 정리해고 대상자를 발표한다고 생각해 보자. 직장생활에서 가장 큰 스트레스는 퇴사를 강요받는 것이다. 이럴 때일수록 전두엽을 활용하면 좋다. 남들처럼 삼삼오오 모여 수군대거나 걱정을 분출하기보다 현재 맡은 일에 충실해야 한다. 걱정하고 불안해한다고 해서 바뀌는 것은 아무것도 없다. 스스로 통제할 수 없는 상황을 걱정하지 말고 눈앞에 있는 현실에 충실하도록 노력해야 한다. 그러므로 건강한 전두엽을 믿고 업무에 집중하자. 평소에 전두엽 강화 훈련을 열심히 하면 이러한 위기를 무사히 넘길 수 있다.

평소 몸을 이완하는 훈련을 하라

불안을 잘 느끼는 사람을 보면 사소한 일에 민감한 반응을 보인다. 특히 완벽주의자는 작은 실수조차 확대하여 해석하려고 한다. 중요한 계약과 관련한 프레젠테이션을 앞두고 자료 하나를 빠뜨렸다고 생각해 보자. 민감한 사람의 경우 별의별 상상을 하면서 불안해한다. '과장에게 잔소리를 듣지 않을까?' '업무 평가에 마이너스가 되지 않을까?' '진급에 문제가 생기지는 않을까?' '계약이 불발되면 그건 내 책임이 아닐까?' 하지만 그러한 걱정은 어디까지나 스스로 만들어낸 허상에 불과하다. 자료 하나 때문에 계약이 판가름 나는 것은 아니다. 중요한 것은 제품이나 서비스의 질이지 자료가 아니다. 이렇듯 쓸데없는 걱정 속에 살다 보면 한 가지 일을 오래 하기 힘들다. 따라서 전두엽을 활용해야 한다.

최고의 방법은 평소에 몸을 이완하는 훈련을 하는 것이다. 아무 때나 할 수 있는 방법은 역시 명상이나 사색이다. 눈을 감고 현재에 머물도록 노력해 보자. 전두엽이 활성화하면 집중력이 올라가 과거나 미래가 아닌 현재에 집중할 수 있다. 일어나지 않은 일에 대한 걱정이나 과거 불미스러운 사건이 당신을 괴롭힐 때마다 명상이나 사색으로 극복해 보자.

노트에 기록하여 대상을 객관화하라

불안이나 걱정을 유발하는 일을 노트에 기록하고, 그 일이 내가 통제할 수 있는 일인지 아닌지, 현실에서 일어날 확률이 얼마나 되는지 적어 보는 것도 좋은 방법이다. 엘리베이터가 고장 날까 봐 걱정된다면 그 불안감을 노트에 쓰고, 우리 아파트에서 엘리베이터 고장 사고가 일어난 적이 있는지 알아보고 기록하자. 진급 대상자에서 누락될까 봐 불안하다면 그 내용을 노트에 적어 보자. 그리고 내가 통제할 수 없다는 것을 기록하자. 더불어 평소 얼마나 업무에 충실한지 돌아보고, 결과를 겸허히 받아들이겠다고 적어 두

오래 하는 힘

자. 진급되면 좋지만 진급이 되지 않더라도 더 분발해야겠다는 다짐을 적어 두자.

중요한 것은 일어나지 않은 일과 자기가 통제할 수 없는 일에 대한 걱정이나 불안은 모두 불필요한 것임을 자각하는 것이다. 걱정이나 불안을 자주 느낀다면 평소 감정적 사고에 지나치게 휩쓸린 탓이다. 변연계가 활성화하도록 방치한 결과라고 생각하고, 전두엽을 활성화해서 편도체의 기능을 잠재울 수 있는 생활습관으로 하루빨리 전환해야 한다. 이런 변화는 당신이 쉽게 지치지 않고 맡은 일에 충실하도록 이끌어 준다.

50
오래 하다 보면 뭐가 돼도 된다

오래 하는 힘을 키우는 것은 아주 중요하다. 직장생활을 오래 하든 취미생활을 오래 하든 아니면 공부를 오래 하든 집중력 있게 오래 하다 보면 분명히 뭔가 남는다.

취미 생활이 직업이 된 사람을 종종 본다. 처음에는 그냥 좋아서 취미로 시작한 것이 평생 직업이 된 경우다. 그들은 그 분야의 전문가라는 훈장을 부상으로 받는다.

한 직장에서 오래 일한 사람과 여기 조금 저기 조금 다닌 사람의 차이는 무엇일까? 내 친구 중 평균 이상으로 사는 친구들을 보면 그들과 나의 차이는 명확하게 드러난다. 그들은 싫든 좋든 한 직장에서 오래 견뎌내었다. 그들이 한곳에 머무르는 동안 나는 철새처럼 여기저기 옮겨 다니면서 경력에 오점만 남겼다. 반면에 그들은 자신들의 경력을 눈부시게 쌓아 갔다.

무엇이든 끝까지 하는 습관을 지니면 그것은 기술이 된다. 결국 자신을 발전시키는 발판이 될 수 있다. '오타쿠'라는 말을 들어 보았을 것이다. 애니메이션, 게임, 소설 등에 흠뻑 취한 사람을 지칭하는 일본어이다. 오타쿠 중에서 '오타킹'(오타쿠들의 왕)이라는 칭호를 받은 사람이 있다. 바로 오카다 토시오라는 인물이다. 그는 주위 사람들의 손가락질에도 아랑곳하지 않고 애니메이션과 게임에 흠뻑 심취한 오타쿠 중의 오타쿠였다. 자신이 좋아하는 애니메이션에 빠져 그 분야의 대가 소리를 듣는 경지에 이르렀다. 결국 오카다 토시오는 '가이낙스'라는 회사까지 차리게 되었다. 가이낙스는 〈신세기 에반게리온〉이라는 작품을 제작하여 전 세계에 명성을 드높였다. 그는 애니메이션 제작 외에 책을 집필하여 오타쿠들에게 사랑을 많이 받는 사람이 되었다. 결국 오카다 토시오는 자신이 좋아하는 일에 열중함으로써 자신의 꿈을 이룰 수 있었다.

오래 하지 못하는 습관은 결코 단순한 문제가 아니다. 이것은 나와 남을 다르게 만드는 중요한 요인이다. 주위를 둘러보라. 당신 옆에는 당신을 앞서기 위해 집중하고 몰두하는 사람들로 가득하다. 당신도 그들처럼 오래 할 수 있다. 오래 하지 못하는 습관은 얼마든지 고칠 수 있다. 부디 이 책을 통해 당신의 삶이 값진 인생으로 탈바꿈하기를 바란다.

열정과 끈기로 성공을 이룬 사람들 6

진정한 노력은 배반하지 않는다 이승엽

프로야구가 생긴 이래로 가장 많은 홈런을 기록한 선수, 위기에 강한 선수, 승리의 여신, 8회의 사나이, 일본 킬러 등 이승엽을 지칭하는 수식어는 수없이 많다. 이승엽은 대한민국이 배출한 가장 훌륭한 야구선수지만, 이면에 숨은 노력은 왜 그가 위대한 타자가 되었는지 분명히 보여 준다. 이승엽은 야구가 무엇인지 알기도 전에 공을 좋아했고, 항상 곁에 공을 두고 놀았다. 일곱 살에 프로야구가 시작되면서 그의 꿈은 자연스럽게 정해졌다.

일찌감치 꿈을 발견한 이승엽은 멈출 줄 몰랐다. 그의 머릿속에는 오로지 야구뿐이었다. 그러나 부모는 그가 야구선수가 되는 것을 바라지 않았다. 그래도 그는 자기 뜻을 굽히지 않았고, 결국 대학 진학을 포기하고 삼성라이온즈에 입단했다. 이후 우리 모두가 알다시피 이승엽은 한국 야구사에 길이 남을 위대한 역사를 써 내려갔다. 그러나 이승엽이 언제나 승리와 함께한 것은 아니었다. 그도 극심한 슬럼프에 빠진 적이 많았다. 특히 국가대표 시절 자신에게 쏟아지는 중압감을 이겨내지 못하고 기대에 미치지 못하는 성적을 올린 경우가 많았다.

하지만 이승엽은 포기하는 법이 없었다. 모두 잠든 시간에도 연습장에 나와 쉴새 없이 배트를 휘둘렀다. 잘못된 자세나 마음가짐을 똑바로 돌려놓기 전까지 연습을 끝내지 않았다. 이러한 노력으로 이승엽은 매번 팀을 위기에서 구했다. 아무리 부진하다고 해도 결정적 순간에 한 방 치는 선수는 언제나 이승엽이었다. 일본에 진출했을 때도 시련이 찾아왔다. 일본 지바 롯데마린스에 입단한 첫 해에 아주 부진한 성적표를 받아들었다. 하지만 2005년 지바 롯데마린스는 일본 챔피언이 되었고 이승엽은 우수 선수상을 받았다.

그가 일본에서 슬럼프에 빠졌을 때 동료 선수가 찍은 사진이 화제가 되었다. 그날은 훈련이 없는 날이어서 선수들은 쉬고 있었다. 대부분의 선수가 맛있는 음식을 먹거나 실내 골프장에서 스트레스를 풀고 있었다. 그런데 이승엽 선수는 혼자 호텔 주차장에서 구슬땀을 흘리며 타격 연습을 하고 있었다. 이 장면을 찍은 동료 선수는 이승엽이 자국 선수조차 뛰기 힘든 일본 프로야구에서 활약하는 이유가 바로 지독한 연습일 것이라고 말했다.

이승엽은 어릴 적부터 가졌던 꿈을 한 번도 포기하지 않고 밀고 나갔다. 프로 선수가 된 후에도, 최고의 타자가 된 후에도 그는 노력을 멈추지 않았다. 그를 지켜본 동료 선수들은 포기할 줄 모르는 지독한 노력이 이승엽을 성공으로 이끌었다고 말한다. 이승엽은 자신이 한 말처럼 목표를 향해 포기하지 않고 노력했으며, 결국 그에 대한 대가를 충분히 받을 수 있었다.

후주

1장

1) 《기적을 부르는 뇌》, 노먼 도이지, 지호, 2008, p.277~278.

2) 《인간적인 너무나 인간적인 뇌》, 리처드 레스택, 휴머니스트, 2015, p.26~27.

3) 《나의 뇌는 나보다 잘났다》, 프랑카 파리아넨, 을유문화사, 2018, p.31.

4) 《기적을 부르는 뇌》, 노먼 도이지, 지호, 2008, p.36.

5) 《기적을 부르는 뇌》, 노먼 도이지, 지호, 2008, p.36.

6) 《꿈을 이룬 사람들의 뇌》, 조 디스펜자, 한언, 2009, p.86.

7) 《기억의 비밀》, 에릭 캔델, 래리 스콰이어, 해나무, 2016, p.78~79.

8) 《꿈을 이룬 사람들의 뇌》, 조 디스펜자, 한언, 2009, p.88.

9) 《당신이 플라시보다》, 조 디스펜자, 샨티, 2016, p.121~122.

10) 《커넥톰 뇌의 지도》, 승현준, 김영사, 2014, p.16.

11) 《시냅스와 자아》, 조지르 루드, 동녘사이언스, 2005, p.91.

12) 《뇌 이야기》, 딘 버넷, 미래의창, 2018, p.67~68.

13) 《내 안의 CEO, 전두엽》, 엘코논 골드버그, 시그마프레스, 2008, p.40.

14) 《시냅스와 자아》, 조지르 루드, 동녘사이언스, 2005, p.90~92.

15) 《커넥톰 뇌의 지도》, 승현준, 김영사, 2014, p.108.

16) 《시냅스와 자아》, 조지르 루드, 동녘사이언스, 2005, p.103~104.

17) 《놀라운 가설》, 프랜시스 크릭, 궁리, 2015, p.176.

18) 《기적을 부르는 뇌》, 노먼 도이지, 지호, 2008, p.267.

19) 《당신의 뇌는 최적화를 원한다》, 가바사와 시온, 쌤앤파커스, 2018, p.28.

20) 《당신의 뇌는 최적화를 원한다》, 가바사와 시온, 쌤앤파커스, 2018, p.64.

21) 《당신의 뇌는 최적화를 원한다》, 가바사와 시온, 쌤앤파커스, 2018, p.241.

오래 하는 힘

22) 《인듀어》, 알렉스 허치슨, 다산초당, 2018, p.88.

23) 《브레인 룰스》, 존 메디나, 프런티어, 2009, p.217.

24) 《당신이 플라시보다》, 조 디스펜자, 샨티, 2016, p.159~160.

25) 《뇌, 1.4킬로그램의 배움터》, 사라 제인 블랙모어 외, 해나무, 2009, p.259.

26) 《기적을 부르는 뇌》, 노먼 도이지, 지호, 2008, p.352.

27) 《기적을 부르는 뇌》, 노먼 도이지, 지호, 2008, p.28~29.

28) 《라마찬드란 박사의 두뇌 실험실》, 라마찬드란, 바다, 2016, p.110~116.

29) 《당신이 플라시보다》, 조 디스펜자, 샨티, 2016, p.182.

30) 《꿈을 이룬 사람들의 뇌》, 조 디스펜자, 한언, 2009, p.60~61.

31) 《당신이 플라시보다》, 조 디스펜자, 샨티, 2016, p.135~136.

2장

1) 《꿈을 이룬 사람들의 뇌》, 조 디스펜자, 한언, 2009, p.346.

2) 《브레인 룰스》, 존 메디나, 프런티어, 2009, p.69.

3) 《당신이 플라시보다》, 조 디스펜자, 샨티, 2016, p.214.

4) 《라마찬드란 박사의 두뇌 실험실》, 라마찬드란, 바다, 2016, p.329~334.

5) 《꿈을 이룬 사람들의 뇌》, 조 디스펜자, 한언, 2009, p.350.

6) 《가장 뛰어난 중년의 뇌》, 바버라 스트로치, 해나무, 2011, p.135.

7) 《그것은 뇌다》, 다니엘 G 에이멘, 한문화, 2008, p.171.

8) 《의식의 비밀》, 사이언티픽 아메리칸, 한림, 2017, p.216~217.

9) 《앞쪽형 인간》, 나덕열, 허원미디어, 2008, p.23.

10) 《당신이 플라시보다》, 조 디스펜자, 샨티, 2016, p.138.

11) 《내 안의 CEO, 전두엽》, 엘코논 골드버그, 시그마프레스, 2008, p.194, 199.

12) 《뷰티풀 브레인》, 다니엘 G 에이멘, 판미동, 2012, p.89.

13) 《뇌 이야기》, 딘 버넷, 미래의창, 2018, p.49.

14) 《꿈을 이룬 사람들의 뇌》, 조 디스펜자, 한언, 2009, p.108.

15) 《당신의 뇌는 최적화를 원한다》, 가바사와 시온, 쌤앤파커스, 2018, p.118~120.

16) 《꿈을 이룬 사람들의 뇌》, 조 디스펜자, 한언, 2009, p.350.

17) BBC 다큐멘터리 6부작 [BRAIN STORY], BBC 제작, 총 6부 중 6부.

18) 《의식》, 크리스토퍼 코흐, 알마, 2014, p.203~205.

19) 《앞쪽형 인간》, 나덕열, 허원미디어, 2008, p.34.

20) 《기억은 미래를 향한다》, 문예출판사, 2017, p.238.

21) 《꿈을 이룬 사람들의 뇌》, 조 디스펜자, 한언, 2009, p.358~359.

22) 《의식》, 크리스토퍼 코흐, 알마, 2014, p.79.

3장

1) 《당신이 플라시보다》, 조 디스펜자, 샨티, 2016, p.93~94.

2) 《당신이 플라시보다》, 조 디스펜자, 샨티, 2016, p.55, 58~60.

3) 《당신이 플라시보다》, 조 디스펜자, 샨티, 2016, p.91.

4) 《당신이 플라시보다》, 조 디스펜자, 샨티, 2016, p.105.

5) 《생각의 힘을 실험하다》, 린 맥타가트, 두레, 2012, p.239~249.

6) 《그것은 뇌다》, 다니엘 G 에이멘, 한문화, 2008, p.168.

7) 《당신이 플라시보다》, 조 디스펜자, 샨티, 2016, p.85.

8) 《내 안의 CEO, 전두엽》, 엘코논 골드버그, 시그마프레스, 2008, p.51~52.

9) 《기적을 부르는 뇌》, 노먼 도이지, 지호, 2008, p.160~161.

5장

1) 《뷰티풀 브레인》, 다니엘 G 에이멘, 판미동, 2012, p.34~35.

오래 하는 힘

2) 《뷰티풀 브레인》, 다니엘 G 에이멘, 판미동, 2012, p.41.

3) 《뷰티풀 브레인》, 다니엘 G 에이멘, 판미동, 2012, p.292.

4) 《생각의 힘을 실험하다》, 린 맥타가트, 두레, 2012, p.146~147.

5) 《꿈을 이룬 사람들의 뇌》, 조 디스펜자, 한언, 2009, p.129.

6) 《브레인 룰스》, 존 메디나, 프런티어, 2009, p.34.

7) 《기적을 부르는 뇌》, 노먼 도이지, 지호, 2008, p.323.

8) 《운동화 신은 뇌》, 존 레이티 외, 녹색지팡이, 2009, p.20.

9) 《뷰티풀 브레인》, 다니엘 G 에이멘, 판미동, 2012, p.187.

10) 《뷰티풀 브레인》, 다니엘 G 에이멘, 판미동, 2012, p.174~176.

11) 《기적을 부르는 뇌》, 노먼 도이지, 지호, 2008, p.308.

12) 《당신의 뇌는 최적화를 원한다》, 가바사와 시온, 쌤앤파커스, 2018, p.143.

13) 《가장 뛰어난 중년의 뇌》, 바버라 스트로치, 해나무, 2011, p.249.

6장

1) 《내 안의 CEO, 전두엽》, 엘코논 골드버그, 시그마프레스, 2008, p.243.

2) 《그것은 뇌다》, 다니엘 G 에이멘, 한문화, 2008, p.178~179.

참고문헌

《돈키호테》, 미겔 데 세르반테스, 시공사, 2015.

《뇌 1.4킬로그램의 사용법》, 존 레이티, 21세기북스, 2010.

《브레인 스토리》, 수전 그린필드, 지호, 2004.

《생명이란 무엇인가》, 에르빈 슈뢰딩거, 궁리, 2007.

《빙의는 없다》, 김영우, 전나무숲, 2012.

《불안》, 조지프 루드, 인벤션, 2017.

《뇌 속에 또 다른 뇌가 있다》, 장동선, 아르테, 2017.

《브레이킹》, 조 디스펜자, 프렘, 2012.

《스스로 치유하는 뇌》, 노먼 도이지, 동아시아, 2018.

《10대의 뇌》, 프랜시스 젠슨 외, 웅진지식하우스, 2019.

《그림으로 읽는 뇌과학의 모든 것》, 박문호, 휴머니스트, 2013.

《달라이라마, 마음이 뇌에게 묻다》, 샤론 베글리, 북섬, 2008.

《범인은 바로 뇌다》, 한스 J 마르코비치 외, 알마, 2010.

《뇌과학으로 풀어보는 감정의 비밀》, 마르코 라울란트, 동아일보사, 2008.

《느끼는 뇌》, 조셉 루드, 학지사, 2006.

《두뇌와의 대화》, 앨런 로퍼 외, 처음북스, 2015.

《빅 브레인》, 게리 린치 외, 21세기북스, 2010.

《뇌를 경청하라》, 김재진, 21세기북스, 2010.

《뇌 속의 신체지도》, 샌드라 블레이크슬리, 이다미디어, 2011.

《뇌가 건강해지는 하루 습관》, 사토 도미오, 봄풀, 2010.

《똑똑한 뇌 사용설명서》, 샌드라 아모트 외, 살림, 2009.

《뇌의 발견》, 브리태니커 편찬위원회, 아고라, 2014.

《피아니스트의 뇌》, 후루야 신이치, 끌레마, 2016.

《붓다 브레인》, 릭 핸슨 외, 불광, 2010.

《생각의 빅뱅》, 에릭 헤즐타인, 갈매나무, 2011.

《뇌의 마음》, 월터 프리먼, 부글북스, 2007.

《더 브레인》, 데이비드 이글먼, 해나무, 2017.

오래 하는 힘